IMAGES **CHE GUEVARA**

© Librairie Arthème Fayard, 2003

IMAGES

CHE GUEVARA

Jean-Hugues Berrou   Jean-Jacques Lefrère

Fayard

Crédits photographiques première partie
AFP : 67 : e, g ; 128 : j ; 134 : c ; 137 : a, e, f ; 151 : d ; 152 : a ; 152 : d ;153 : a ;154 : f ; 155 : b, g, h ;156 : l ; 157 : b, d, e ; 164 : a, j ; 174 : d ; 177 : d ; 179 : d ; 181 : g.
AFP-Photothèque Hachette : 69 : a.
AKG-Paris : 47 : j ; 60 : e, m ; 62 : c ; 65 : e ; 72 : b ; 78 : f ; 108 : f ; 109 : i ; 110 : g, i ; 124 : e ; 125 : m.
Alborta (Freddy) : 176 : a, d, f ; 177 : b.
Apis : 109 : d.
Archives Clarin : 160 : i.
Associated Press : 106 : e, g, i, j, k ; 137 : a ; 162 : f ; 175 : f.
Astudillo (Falino) : 70 : i.
Botan : 69 : e, g.
Bustos (Ciro) : 160 : a.
Capitan San Luis : 13 : h ; 14 : f ; 26 : b ; 55 : e ; 147 : f ; 150 : f ; 154 : b ; 170 : b ; 179 : b.
Casa de las Americas : 81 : b.
Chavez-Martin : 145 : c ; 146 : e ; 150 a, c.
Chinolope : 105 : f.
Collection particulière : 103 : g ; 105 : b.
Corbalan : 42 : a ; 43 : g ; 65 : c ; 136 : j ; 180 : a ; 181 : b.
Corbis : 107 : a, b, c, e, h, i ; 174 : g.
Corbis/Bettmann : 66 : g ; 67 : a ; 82 : e ; 102 : a ; 106 : a, h ; 125 : a ; 136 : i ; 137 : g, h ; 164 : g ; 180 : b.
Corbis/Hulton-Deutsch : 86 : e.
Corbis/Sygma : 52 : f ; 53 : g ; 54 : e, h ; 186 : a, e ; 188 : e.
Corbis/Sygma/Keystone : 66 : e.
Corbis/Sygma/Kowall : 186 : f.
Corbis/Sygma/Noguès : 53 : f ; 186 : c ; 189 : b, d.
Corbis/Sygma/JB. Russell : 166 : a ; 182 : a, c ; 184 : b ; 185 : a.
Corrales (Raùl) : 61 : d ; 64 : a ; 71 : b, 72 : c ; 77 : g ; 79 : a, b.
Cosmos/Popperfoto : 49 : d ; 60 : o ; 67 : i ; 93 : e ; 118 : b.
Dalmas : 92 : d.
Diaz (Altuna) : 57 : h.
DR : 12 : g, h ; 13 : i ; 14 : a, h ; 16 : a, e ; 18 : d ; 19 : c, d ; 20 : c ; 21 : e, f ; 22 : e ; 23 : b ; 25 : b ; 27 : a ; 28 : b ; 31 : a, b, g ; 33 : d ; 34 : c, e ; 35 : c ; 39 : c ; 40 : d ; 41 : b ; 42 : b ; 43 : b, c, d ; 44 : c ; 47 : h ; 48 : d ; 51 : a, e ; 54 : a ; 56 : d ; 58 : a, f ; 60 : h, i, j ; 61 : a, b ; 62 : e ; 63 : e ; 64 : a ; 66 : b, d, h ; 67 : d, h ; 68 : d, e, f, h, i ; 69 : b, c, f ; 70 : g, h, j ; 73 : f ; 74 : d, e ; 75 : f ; 78 : b, d, e ; 79 : c, g ; 82 : f ; 83 : b ; 84 : b ; 85 : b ; 86 : a, b, h ; 87 : d ; 88 : a ; 89 : d, h, j, k, l ; 91 : a, i, l, n, m ; 96 : f ; 98 : e, j ; 99 : a, c, e, g ; 102 : f, h, i ; 104 : b, d, g ; 105 : g ; 106 : d, f ; 107 : d, f, g, k, l ; 109 : f ; 110 : e, f, h ; 111 : a, b, i, j, l, m ; 112 : a, h ; 113 : b ; 118 : f, g, i ; 119 : d, f ; 123 : c, d, f, g ; 124 : a, c, f, g, h, i, k, l, p, q, s ; 125 : e, k, n ; 126 : a, b, c, j, k ; 127 : a, d, e, f, g ; 128 a ; 129 : d ; 131 : d, e, f ; 133 : b, c ; 136 : a ; 138 : b, c, d ; 139 : f ; 140 : e ; 141 : b, d ; 142 : d, e, f, g, i ; 143 : b ; 144 : a, b, c, d, e, f ; 145 : a, d ; 146 : b, d, e, i ; 147 : a, b, c, d, e ; 149 : d, e ; 150 : b ; 151 : e ; 152 : d ; 153 : f ; 154 : c, e ; 155 : c, g ; 156 : a ; 157 : a, f g ; 158 sauf g ; 160 : b, c, e, f, i, j ; 162 : a, b, d, e, f ; 163 ; 164 sauf a et g ; 165 ; 166 : b, d ; 167 : f ; 169 (sauf e) ; 171 : a, f ; 172 : a, e, f, i ; 173 : a à g ; 174 : d, h ; 175 : a, g ; 176 : c, d, f ; 177 : a ; 178 : d, e ; 180 : c, e, h ;181 : c, d, h ; 182 : e ; 183 : a, h ; 186 : g ; 188 : d ; 190 : b.
Edicion Politica : 27 : d, g ; 44 : d ; 67 : f ; 79 : j ; 92 : c ; 104 : a ; 105 : a ; 115 : b ; 118 : h.
Edicion Verde Olive : 42 : a ; 89 : i ; 113 : g ; 146 : a.
Editorial de Sciencias Sociales, La Habana : 71 : c, d. avec l'aimable autorisation de Mme Régine Deforges, clichés de Perfecto Romero, publiés dans son ouvrage *Camilo* paru aux Éditions Fayard, 1999.
Efe Agencia : 109 : h.
Fund. de la Naturaleza y del Hombre : 54 : d.
Gamma : 12 : a, b, c, d ; 13 : b, d, g ; 14 : g ; 15 : a, c, e ; 16 : i, j ; 17 : d, l ; 18 : b, c, f ; 19 : a, e ; 20 : a, e ; 21 : d ; 22 : a, c ; 23 : a, c, d ; 24 : a, b, d ; 26 : d, g ; 27 : b, c, e, f ; 29 : a ; 30 : h ; 31 : c ; 33 : b, e ; 34 : a ; 36 : e ; 39 : d ; 41 : a ; 42 : d ; 43 : f, i ; 45 : i ; 47 : i ; 48 : g, h ; 49 : a, e ; 50 : e, g ; 51 : a, c, g ; 52 : b, e, h ; 53 : a, h, i, j ; 54 : b, g ; 59 : e ; 60 : c, g, l ; 61 : h ; 62 : b ; 63 : d ; 64 : c ; 65 : a, b ; 67 : h ; 71 : f, g ; 72 : a ; 73 : d ; 76 : j ; 77 : d ; 78 : c ; 79 : i ; 81 : c ; 83 : d ; 85 : c ; 86 : d, f ; 91 : d ; 92 : a ; 94 : b ; 99 : d ; 110 : i ; 113 : c, e ; 119 : e ; 127 : c, h ; 128 : h ; 133 : h, m ; 136 : f ; 141 : e, f ; 150 : e ; 152 : d, e ; 153 : b, g ; 154 : d, e ; 155 : a ; 156 : b, g ; 158 : g ; 167 : f ; 170 : b ; 171 : h ; 172 : c, h ; 174 : b, e, i ; 182 : b ; 184 : c, e, g ; 186 : d ; 187 : b, c.
Gamma/Olympia : 38 : g.
Gamma / Nhacerpy-Saint-Paul : 172 : b.
Gamma / P. A. Scully : 190 : c.
Gamma / R. Wollman : 182 : c, 187 : e.

Granma : 146 : g.
Grenier (Nicole) : 132 : e, h.
Holmes-Talbot : 168 : c, e ; 169 : e.
Imapress : 68 : j ; 93 : b, c ; 137 : b.
Keystone : 32 : a ; 66 : f ; 67 : b ; 83 : b, f ; 85 : a, b, e, f ; 86 : g ; 91 : k ; 99 : h ; 109 : f ; 112 : d ; 114 : b, c ; 115 : f ; 118 : b, c ; 122 : h, y ; 125 : d ; 126 : g ; 140 : i ; 153 : a ; 154 : a.
Kondo (Akitoshi) : 79 : j.
Korda (Alberto), ADAGP, Paris 2003 : 70 e, 77 : b, c , e, f ; 80 : a, c, e, f, g, h ; 89 : g ; 91 : b, g ; 96 : d ; 104 : c ; 105 : e, h ; 116 ; 117 ; 122 : (sauf h, s, t, u, y) ; 123 : a, e, h ; 132 : d, f.
Liutkus (Una) : 102 : j.
Magnum/Yan Berry : 134 : e ; 135, sauf g ; 136 : d, e, g, k ; 137 : c, d.
Magnum/René Burri : 37 : e ; 94 : d ; 120, sauf f ; 121 : sauf e ; 190 : a.
Magnum/Henri Cartier-Bresson : 121 : c.
Magnum/Raymond Depardon : 131 : c.
Magnum/Eliott Erwitt : 95 ; 120, sauf f.
Magnum/Burt Glinn : 55 : a, b, d ; 56 : a, b, c.
Magnum/A. Saint George : 108 : a.
Man's Mag./Saint George : 45 : b ; 75 : d, e ; 124 : s ; 161 : a, c, d.
Max PPP/Reuter : 79 : j ; 183 : c, d, e, f ; 184 : a, d, f ; 185 sauf a ; 186 : d.
Musée Nicéphore Niepce/Studio Naranjo : 108 : b.
National Archives (Oxford) : 161 : g, h.
Noval (Liborio) : 60 : k ; 70 : d ; 87 : e, f ; 88 : b, h ; 92 : f, g, h, i ; 97 : b, c, f ; 98 : b ; 99 : b, f ; 102 : c ; 112 : c, g, i ; 114 : f, 132 : j.
Nunez Jimenez (Antonio) : 49 : g.
Oficina Asuntos Historicos del Consejo de Estado de la Repùblica de Cuba : 12 : e, i, j ; 13 : a, f ; 14 : b, c, d, g ; 15 : b, c, d ; 16 : b, d, l ; 17 : c, g, h, i, j, k ; 18 : a, e ; 19 : b ; 20 : a, b, d ; 22 : b, d, f ; 23 : e ; 24 : c ; 25 : a ; 26 : e, f ; 28 : a, c ; 30 : a, b, c, d, e, f ; 31 : d, e ; 32 : d, g ; 33 : a, c ; 35 : a, d, e ; 36 : c, d, f, g, h ; 37 : f ; 38 : i ; 39 : a, e, f, g ; 40 : a, c ; 41 : c, e, f ; 43 : e, f, h ; 44 : e ; 46 : a, b, c, f, g ; 49 : b, c, h ; 50 : a, d, f ; 51 : b, c, d ; 52 : g ; 53 : c ; 58 : i ; 61 : f, h, i ; 63 : g ; 64 : b, e, f, g ; 65 : d ; 66 : a ; 68 : a, b, c, g ; 69 : d ; 70 : f ; 71 : a, e ; 73 : h ; 74 : f ; 78 : g ; 80 : d ; 81 : d, e ; 84 : f ; 86 : c ; 93 : d, g ; 97 : d, e, h ; 98 : h ; 99 : j ; 102 : b ; 104 : e, h ; 106 : b, c ; 107 : j ; 111 : k ; 113 : d, f ; 114 : i ; 115 : c, g ; 119 : a ; 124 : b, o ; 125 : l ; 126 : f, i, l ; 127 : b ; 128 : b, e ; 129 : j, k, l, m ; 132 : b ; 133 : c, d, e, f, i, j, k, l ; 134 : f ; 139 : b, e, g ; 143 : a ; 146 : a ; 147 : g ; 151 : c.
O.A.H./Santos : 94 : a.
Photos12. com-Oasis : 38 : h ; 40 : b ; 43 : a ; 46 : e ; 62 : a ; 93 : f ; 125 : f ; 132 : i.
Pic (Roger) : 70 : a, b, c ; 100-101 ; 102 : g ; 103 : g ; 112 : b, f.
Prensa Latina : 63 : h ; 66 : b, c ; 67 : c ; 73 : d ; 79 : h ; 83 g ; 84 : a ; 89 : c ; 92 : c ; 96 : a, e ; 97 : g ; 98 : i ; 102 : d, f ; 104 : h ; 105 : c, d ; 109 : a ; 110 : c ; 111, c, d, g, h ; 115 : e ; 118 : a, e ; 124 : m, n, r ; 126 : h ; 128 : i ; 129 : a, b, c ; 134 : a, b, d, g ; 136 : c ; 139 : a, c, f ; 140 : c, d, h ; 152 : c ; 157 : c.
Revista "Bohemia" : 54 : d ; 61 : c ; 63 : a ; 69 : g ; 76 : g ; 83 : e, i ; 114 : a, d ; 148 : a ; 170 : e.
Reyne Teran (Luis) : 157 : e.
Roger-Viollet : 12 : f ; 13 : e ; 21 : c ; 42 : c ; 52 : d ; 57 : g ; 59 : b ; 152 : b.
Romero (Perfecto) : 48 : f, 50 : b, c, h, i ; 52 : a, c ; 53 : d, e ; 54 : c ; 58 : b ; 59 : a, c ; 60 : n, p ; 62 : b ; 63 : c ; 75 : g ; 76 : j ; 89 : a, b ; 91 : f ; 103 : e ; 113 : d ; 125 : g, h, i, j ; 126 : d ; 150 : d.
Roque (Adalberto) : 183 : g.
Rue des Archives : 41 : d ; 48 : e ; 56 : e.
Salas (Oswaldo et Roberto) : 73 : a, b, c ; 74 : a, b, c ; 78 : a ; 79 : d, e ; 80 : b, i ; 82 ; 87 : a, b, c ; 88 : e, f, g, i, j ; 93 : a ; 103 : e ; 108 : g ; 109 : b, c, e ; 110 : a, b, d, i ; 113 : a ; 115 : a, c, d, e, g, h ; 119 : g ; 128 : c ; 132 : a, c, g.
Sancedo : 156 : d.
Selich Socorro : 153 : c.
SIPA-Press : 35 : b ; 99 : k ; 108 : c, d, e ; 112 : e ; 141 : c ; 167 : d ; 170 : g ; 175 : b ; 176 : e ; 177 : c ; 178 : f ; 179 : a, c.
SIPA-Press/ Alborta : 176 : c.
SIPA-Press/Dalmas : 103 : i ; 124 : j.
SIPA-Press/Degon : 75 : c.
SIPA-Press/Oxley : 90 a ; 111 : j.
SIPA-Press/Piko : 174 : f, h ; 175 : c ; 180 : g.
Sunday Telegraph : 159 : a à i ; 161 : b ; 162 : g ; 167 : b.
Time-Magazine : 82 : c.
Transworld : 91 : i ; 99 : i ; 103 : h ; 114 : e.
United Nations : 130 : e ; 131 : a, b ; 134 : h, i.
Villaseca (Salvador) : 67 : j.

Photographie de couverture : © Imapress-Lee Lockwood

Les auteurs souhaiteraient témoigner leur reconnaissance à Dariel Alarcón Ramirez (Benigno), Alain Ammar, Patrick Amsellem, Martine Chavaneau, Anne-Marie Corre, Régine Deforges, Pépita Dupont, Laurent Gervereau, Irma Gomez Soriano, Efren Gonzales Rodriguez, Nicole Grenier, David Kunkle, Pierre Leroy, Christophe Loviny, Véronique Marti, Fernande Ricordeau, Florence Rossier, Huub Sanders, Éric Walbecq, ainsi qu'Albina du Boisrouvray, qui nous a fait l'amitié de nous communiquer les dernières photographies, prises par le Che et ses compagnons en Bolivie.

Le seconde partie n'aurait pu se construire sans les précieux témoignages de : Freddy Alborta, Adrien Asurdui, Umberto Arancibia, Michel Bonnardeaux, Itcha Bundiki, René Burri, René Cadima, Henri Cartier-Bresson, Luc Chessex, Juan Coronel Quiroga, Diana Diaz et Reinaldo Almira, Victor Dreke, Oscar Fernandez Mell, José Figueroa, Favio Giorgio, Camilo Guevara March, Loyola Guzman, Efren Gonzales, Commandant Husseini, Ernest Ilanga, André Joas, Eric Kennes, Pedro Montalvo, Liborio Noval, Catalino Olachea, Roger Pic, Gérard Prunier, Elda Riveron Marti, Vilma Romero et Roman Roja, Roberto Salas, Didier Simissi, Carlos Soria, Eusebio Tapia et Rafael Zerquera. Un remerciement tout particulier à Pierre Kalfon, qui s'est montré un guide patient et un lecteur attentif.

Leur gratitude va enfin à leur éditeur Sophie Grandjean-Hogg, à Isabelle Guillaume et Josseline Rivière pour leur remarquable travail de conception et de maquette ; à Claude Durand, qui a accepté de publier cet album et d'accorder à ses auteurs les moyens nécessaires pour mener à bien leur projet.

Che si ! Ce « oui au Che » a pris les formes les plus étonnantes, du poster au timbre, du tee-shirt au mouchoir en papier : une image si souvent croisée, qu'on en viendrait à oublier que derrière l'idéogramme se tient un homme en chair et en os.

La première partie du présent album retrace l'existence d'Ernesto Guevara, dit *le Che*. Une tentative de biographie par l'image : à l'aide de documents d'époque, certains très peu connus, voire jamais reproduits en volume, sont reconstituées les différentes étapes de la vie du personnage, et ce à travers une succession de photographies respectant la chronologie des faits. Au fil des pages se construit l'image de celui qui deviendra un mythe.

La seconde partie, en prenant appui sur cette trame biographique, revient sur la période la plus sombre de Che Guevara. En 1965, dans le plus grand secret, ce dernier s'enfonce dans les jungles hostiles du Congo puis de la Bolivie. L'enquête le suit dans ses voyages. Étapes après étapes, se dessine le portrait en creux — ou plutôt en ombre — d'un homme qui semblait fuir son image. Paradoxe : c'est à partir de sa disparition volontaire que le Che s'est peu à peu transformé en icône.

Les auteurs.

1

Texte :
Jean-Jacques Lefrère

Argentine, 1928

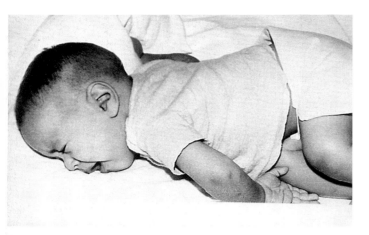

Ernesto Guevara de La Serna est né en Argentine, à Rosario de Santa Fé, un port sur le fleuve Parana. L'acte de déclaration de naissance indique la date du 14 juin 1928, mais on sait aujourd'hui que l'événement est survenu en réalité un mois plus tôt. Sa mère, née Célia de La Serna, appartient à une famille de grands propriétaires terriens, avec quelques nobles espagnols dans l'arbre généalogique et un zeste de sang basque. C'est une femme cultivée, indépendante, sportive, de caractère énergique. Le père, Ernesto Guevara Lynch, est issu d'une vieille famille de souche espagnole, avec un peu de sang irlandais et un vice-roi de la Nouvelle Espagne comme trisaïeul. Cet ancien étudiant en architecture, anticonformiste et un peu coureur, a épousé Célia de La Serna en 1927. Ils forment un couple qui est loin d'accepter toutes les valeurs et tous les usages de leur milieu d'origine. Politiquement marqués à gauche, ils afficheront leur sympathie pour la République espagnole. Leurs revenus financiers diminueront avec les années, et les entreprises professionnelles du chef de famille échoueront avec une remarquable constance, amoindrissant notablement le train de vie du couple.

Argentine, 1928

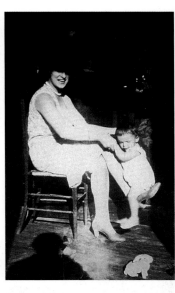

Jeunes mariés, Ernesto et Celia Guevara sont partis vivre dans un coin perdu de l'Argentine, Caraguatay, dans la région de Misiones, à l'extrême nord-est du pays. Guevara Lynch y a acheté une exploitation de maté — la boisson nationale de l'Argentine — de deux cents hectares. Lorsque la venue au monde de leur premier enfant est devenue imminente, les parents ont pris place sur un bateau qui descendait le rio Parana, avec l'intention d'atteindre Buenos Aires, la capitale, et d'y arriver à temps pour l'accouchement — il était aussi question d'acheter un moulin à moudre les feuilles de maté. Mais la délivrance est survenue en cours de route, à l'escale de Rosario. Selon une tradition bien ancrée en Amérique latine, le nouveau-né a reçu le prénom de son père, Ernesto. Il sera rapidement surnommé « Ernestito » ou « Tété » — et, une bonne vingtaine d'années plus tard, « Che ».
Une des premières photographies du jeune Ernesto Guevara de La Serna le montre dans les bras de sa mère, devant une voiture de maître, à côté de sa tante et de son cousin Marcelo (qui n'est guère plus vieux que lui) de sa grand-mère Ana Isabel Lynch et de sa tante paternelle Beatriz.

Argentine, 1930

En 1930, la famille Guevara, qui a quitté définitivement sa propriété de Misiones, réside à San Isidro, dans la banlieue huppée de Buenos Aires, où M. Guevara père a des parts dans un chantier naval. Dans la nuit du 2 mai, le jeune Ernesto, qui est resté grelottant après une baignade prise, l'après-midi, dans l'eau froide du Rio de La Plata, présente une crise d'asthme sévère, la première d'une longue série. Cette insuffisance respiratoire héréditaire – Celia de La Serna avait été asthmatique dans son enfance – poursuivra Ernesto Guevara tout au long de son existence.

Argentine, 1932–1933

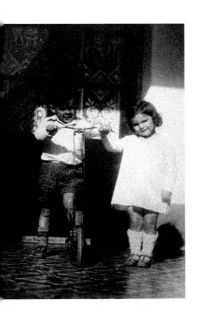

1932. Les photographies d'Ernesto Guevara enfant prises par son père sont celles de tout album de famille : apprentissage du vélo, monte d'un poney, d'une petite voiture à pédale. Née en décembre 1929, Celia – prénom de la mère – Guevara Lynch est la première compagne de jeux de son frère aîné.

En 1933, sur le conseil des médecins qui recommandent un climat sec pour l'asthme d'Ernestito alors âgé de quatre ans, les Guevara partent vivre à Alta Gracia, petite ville de moyenne montagne du nord-ouest de l'Argentine, à une quarantaine de kilomètres de Cordoba et à sept cents de la capitale. Ils séjournent dix années dans ce lieu de villégiature de la classe aisée, que fréquentent les touristes étrangers et les Argentins aux poumons fragiles.

Argentine, 1932–1934

En raison de ses difficultés respiratoires, Ernesto Guevara ne parvien[t à] suivre une scolarité à peu près normale qu'à l'âge de neuf ou dix a[ns]. Jusqu'alors, son éducation a été assurée par sa mère, qui lui a appris à [lire] et à écrire très tôt, dès l'âge de quatre ans s'il faut en croire la tradit[ion] familiale. Celia lui a également inculqué la langue française, qu'elle pa[rle] couramment, ayant été élevée dans un pensionnat de Buenos Aires tenu [par] des religieuses françaises. Contraint par sa maladie à de longues périod[es] de repos dans sa chambre, l'enfant les met à profit en lisant un gra[nd] nombre de livres. Plus tard, sa culture surprendra par son éclectisme. Qu[ant] au père, il apprend à son aîné le jeu des échecs, le tir au revolver et [un] certain art de vivre.

Argentine, 1932–1934

Au fin de compte, devant l'échec de toutes les mesures prises en prévention des poussées d'asthme d'Ernestito, ses parents décident de le libérer de ce carcan de surprotection, du confinement réservé d'ordinaire aux enfants fragilisés par une pathologie chronique, en un mot de lui apprendre à mener une vie normale avec cet handicap. Ils laissent dès lors leur fils, qui ne demande pas mieux, pratiquer diverses activités sportives : natation, longues randonnées, escalade, équitation, football, etc. Le jeune garçon apprend ainsi à devenir endurant et à combattre, par des efforts de volonté, sa faiblesse respiratoire. Ce trait de caractère sera plus tard sa plus puissante arme de guérillero. Pour l'heure, il est un enfant à l'indépendance de caractère déjà marquée, un gamin déluré capable de faire les quatre cents coups avec sa bande de copains du quartier, qui le reconnaissent comme un meneur. Une telle évolution est favorisée par le mode de vie de ses parents, fait d'insouciance et de bohème. Il connaît ainsi

à Alta Gracia une enfance libre et heureuse, mêlé à des camarades issus de toutes les classes sociales qu'il a toute liberté d'emmener à la maison, dont la porte est ouverte à tous. Un autre trait de personnalité de l'adulte sera d'être à l'aise dans tous les milieux et de jouir d'une facilité de contact qui lui sera utile dans la longue guérilla de la Sierra Maestra.

La famille Guevara, qui s'est agrandie en 1932 avec la naissance de Roberto, puis en 1934 avec celle d'Ana-Maria, passe ses vacances d'été à Mar del Plata, station balnéaire à la mode de la côte Atlantique, à 400 kilomètres au sud de Buenos Aires. Lorsque le temps ne permet pas d'aller à la plage, les parents se rendent avec leurs enfants à la piscine du Sierras Hotel, qui est, avec son casino, son bar et son golf, le centre de la vie sociale de la station.

Argentine, 1942–1943

À la rentrée de mars 1942, Ernesto Guevara débute, au collège d'État Dean Funes de Cordoba, des études secondaires qui l'amèneront, cinq ans plus tard, au baccalauréat. Il parcourt chaque jour en bus les quarante kilomètres qui séparent Alta Gracia de Cordoba. Une photographie le montre assis sur le pare-choc de ce bus, posant aux côtés de ses habituels compagnons de voyage, qui sont tous des étudiants.
Au collège Dean Funes, Guevara obtient des résultats variés (de très fréquentes absences liées à son asthme lui sont comptées comme circonstances atténuantes). Il fait en tout cas montre d'une certaine confiance en lui et parfois d'une impertinence qui confine à l'arrogance. Sur la photographie de groupe des élèves de sa classe, sa bouille souriante se reconnaît en l'élève assis au premier rang, deuxième en partant de la gauche.
En mai 1943, la famille Guevara compte un nouveau membre avec la naissance de Juan Martin, dont Ernesto est l'aîné de quinze ans.

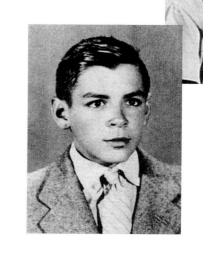

Argentine, 1943

En 1943, la famille Guevara déménage encore : elle s'installe à Cordoba, où elle restera cinq ans, tout en demeurant fidèle, pour la saison d'été, à la station de Mar del Plata. Au cours de la Seconde Guerre mondiale, qui a peu de retentissement sur la vie quotidienne des Argentins, Guevara père milite dans une association antifasciste qui vise à débusquer l'implantation nazie dans le pays. Son fils aîné, qui est encore collégien, y est inscrit dans la cellule jeunesse.

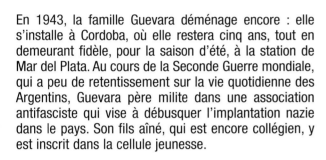

Argentine, 1944–1947

Au collège de Cordoba, l'élève Guevara s'est fait de nouveaux amis. Parmi eux, les frères Ferrer — Jorge et Carlos — et les frères Granado — Alberto, Tomas et Gregorio. Ces derniers ont monté un club de rugby — sport relativement nouveau dans le pays — qu'ils ont baptisé *Estudiantes*. Dès l'âge de quinze ans, Guevara a demandé et obtenu de faire partie de l'équipe, avec un poste de trois-quarts aile. Sur le terrain, quand les prémices d'une crise d'asthme se manifestent, il a recours à son inhalateur. Ses coéquipiers s'y sont habitués. Granado et lui sont convenus d'un nom de code pour avertir le trois-quarts aile que le ballon va sortir de la mêlée : *Fuser*, pour « **Fu**ribondo de La **Ser**na ». Sur la photographie de quelques membres du club des *Estudiantes*, Guevara est à gauche ; les frères Granado sont à ses côtés : le plus petit est Alberto, dit *Mial*, pour « Mi Alberto ».

Lorsqu'il vivra à Buenos Aires, un peu plus tard, Guevara rejoindra le club de rugby Atalaya de San Isidro, où il tiendra le poste d'arrière. Sur la photographie de l'équipe, il est accroupi, premier à partir de la gauche, et le seul à arborer des oreillettes de protection.

En 1946 — année du baccalauréat d'Ernesto Guevara junior — général Juan Peron devient président de la République argenti Les parents Guevara sont des antipéronistes militants (Célia se f arrêter par la police pour avoir crié « À bas Péron ! » dans u manifestation) ; leur fils aîné est encore s opinion politique : ni pour Péron, ni contre.

En mars 1947, la famille Guevara revient vivre Buenos Aires, quittée quatorze ans auparava Il y a une raison à ce nouveau déménageme Ernesto, qui a dix-neuf ans, a décidé d'ent prendre des études de médecine à la Faculté la capitale. Grand bûcheur (à ses heures), il les mener tambour battant, d'autant que, réf mé en raison de son asthme — lui qui pass plus tard tant d'années sous l'uniforme — gagne un an. Sur une photographie prise da l'amphithéâtre d'anatomie, il est au dern rang, surmontant un macchabée à moitié diss qué. Il est le plus souriant de ce grou d'apprentis carabins, dont certains arborent d figures de circonstance. Au premier ran deuxième en partant de la droite, est sa cond ciple Berta Gilda (dite *Tita*) Infante, amoureu quelque peu transie de cet étudiant au physio de jeune premier. Les deux jeunes gens gard ront le contact, par lettres en tout cas, après fin de leurs études, mais le vouvoiement reste toujours de mise dans leur correspondance.

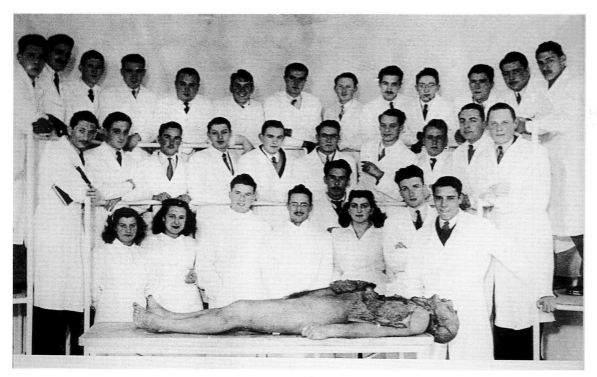

Argentine, 1944–1949

[U]ne série de photographies prises par son père en 1949 montre l'étudiant en médecine, seul ou [ave]c des membres de sa famille, sur le balcon de l'appartement que les Guevara occupent au [n°] 2180 de la rue Araoz, à Buenos Aires. Sur l'une, il est étendu de tout son long ; sur une autre, [il e]st assis à côté de Luis Rodriguez Algaranaz, le fiancé moustachu de sa sœur Célia ; sur une [troi]sième, il est assis par terre, entouré de ses deux frères, du fiancé de sa sœur et de son oncle [Jor]ge. Sur une autre photographie prise la même année, il pose sur le pont d'un bateau du port [de] Buenos Aires, en compagnie des Gonzales [Ag]uilar, une famille de [ré]publicains espagnols [que] les Guevara ont [ac]cueillie lorsqu'elle s'est [réf]ugiée en Argentine en [19]37, fuyant la guerre [civi]le de leur pays.

Argentine, 1949

Ernesto Guevara tient un rang respectable au sein de la jeunesse dorée de la capitale argentine. Chaque fois qu'il peut, il se rend à Cordoba, en car ou en auto-stop, pour retrouver ses amis de collège. Son entourage remarque son côté casse-cou, et cette apparente indifférence au danger qui surprendra les guérilleros de la Sierra Maestra. On remarque aussi son absence totale d'hygiène — une des constantes de sa vie —, qui ne l'empêche pourtant pas de sortir avec d'accortes jeunes filles de la bonne société argentine.

Il pratique à peu près tous les sports de la classe aisée, jusqu'au pilotage d'avion, que lui enseigne son oncle Jorge Guevara Lynch à l'aérodrome El Palomar, à Moron, dans la banlieue de Buenos Aires.

Argentine, 1949

Argentine, 1950

1950. Profitant des vacances universitaires d'été (janvier-février), Ernesto Guevara décide rejoindre son ami Alberto Granado, lequel, plus âgé de six ans et déjà médecin — spécialisé da le traitement de la lèpre —, l'a invité à lui rendre visite dans la léproserie où il a été affecté, à S Francisco del Chanar, dans le nord du pays. Le 1er janvier, Guevara part de Cordoba en enfourcha un vélo sur lequel il a monté lui-même un petit moteur de marque italienne qui lui permet rouler à une moyenne de vingt-cinq kilomètres à l'heure. Il atteint son but, suscitant l'émerveil ment — immortalisé par une photo — des frères Granado, et passe quelques jours dans léproserie. Il revient ensuite à Buenos Aires, toujours sur sa bécane motorisée, par le chemin des écoliers, avec un large détour par Tucuman et les plages de la côte Atlantique. Il a ainsi parcouru près de 4500 kilomètres. Une photographie, prise devant l'hôpital italien de Cordoba au moment de son départ, le montre sur son vélocipède amélioré, le visage à moitié caché derrière de larges lunettes de soleil, casquetté, et vêtu d'une veste de cuir élimé.
Il porte un pneu de rechange en bandoulière

et est chargé de tout un barda (notamment un appareil photographique). Pour vanter les mérites petit moteur de son vélo, le cliché sera reproduit à plusieurs reprises comme encart publicita dans *El Grafico*, un journal sportif de Buenos Aires. En échange de cette publicité gracieuse que s frère Juan Martin aura à cœur de découper soigneusement chaque fois qu'elle paraît, Gueva obtiendra une remise en état gratuite de son moteur Micron. C'est la première photograph d'Ernesto Guevara publiée dans la presse : un document fondateur, en quelque sorte.

Argentine, 1951

À la rentrée universitaire, Guevara reprend ses études et commence à travailler comme laborantin dans le service du professeur Salvador Pisani, spécialiste reconnu de l'allergie. Avec l'asthme chronique qui le tenaille depuis sa première enfance, il est lui-même un excellent sujet d'observation.

En octobre 1950, à l'occasion d'un mariage dans la famille Gonzales Aguilar, il fait la connaissance à Cordoba d'une jeune fille de l'aristocratie cordobaise, Maria del Carmen Ferreyra, que les siens surnomment *Chichina.* Il se fiance peu après avec cette jolie brune de seize ans (il en a vingt-deux), dont les parents, très fortunés, possèdent la vaste *hestancia* de la Malaguena, à une vingtaine de kilomètres de Cordoba, qui comprend court de tennis, écurie, terrain de polo, etc. (une photographie représente les deux jeunes gens dans cette propriété). La belle-famille potentielle regarde un peu de travers cet étudiant en médecine décontracté, non-conformiste et passablement crasseux, qui ne change pas tous les jours de chemise, tant s'en faut, et dont les parents n'ont plus les revenus correspondant à leur origine sociale.

Au cours de l'été 1951, le fiancé de Chichina, qui s'est fait établir une carte professionnelle d'infirmier du ministère de la Santé, gagne sa vie en exerçant cette activité sur des navires pétroliers et des cargos de la marine marchande argentine. De février à juin, à bord de l'*Anna G*, du *Florentino Ameghino*, du *San José*, du *General San Martin*, il navigue jusqu'aux Caraïbes, au Brésil et jusqu'à l'extrême-sud argentin. À bord, il a tout le loisir de potasser six certificats de médecine, qu'il passe avec succès, en candidat libre, à son retour à Buenos Aires.

Argentine, 1951-52

La balade en vélo de janvier-février 1950 n'était qu'un tour de piste pour rendre visite à un copain. Pour Guevara, le temps des longues errances commence à la fin de l'année 1951, sous la forme d'une grande équipée à travers toute l'Amérique latine, avec Alberto Granado comme compagnon de route. Qui douterait que le futur « Che Guevara » ait été attiré fortement par l'aventure que représentait un tel projet ? Pourtant, d'autres éléments ont pu l'inciter à prendre le large, comme le rejet d'une vie et d'une carrière médicale toutes tracées à Buenos Aires, et la situation conflictuelle liée à la séparation partielle de ses parents (Célia ne s'est plus senti la grandeur d'âme nécessaire pour supporter les liaisons extra-conjugales de son époux).

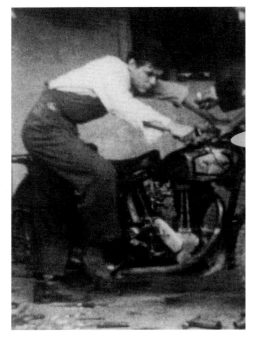

Le véhicule retenu est cette fois une Norton 500 cm^3, la « Poderosa II » (la Puissante II), que Granado a achetée d'occasion après l'agonie d'une « Poderosa I ». Les bagages sont des sacs de couchage, des habits de rechange, une tente et, comme les voyageurs ne sont pas Argentins pour rien, un gril à viande. Guevara a promis à sa mère de revenir à temps pour terminer ses études de médecine, qui sont déjà bien avancées. Le départ a lieu le 29 décembre à Cordoba devant la maison des Granado — laquelle porte aujourd'hui une plaque commémorant l'événement. À propos de ce grand jour, Granado se souviendra plus tard, avec une nostalgie amusée, qu'il fut « le seul où j'ai été le chef ».

Cette randonnée à travers le continent sud-américain a pour premières étapes Buenos Aires, pour des adieux aux parents Guevara, et la station balnéaire de Miramar, sur la côte Atlantique, où la famille de Chichina possède une villa, pour de très mélancoliques adieux à la fiancée (qui ne reverra plus jamais son Ernestito). Puis c'est la traversée de la Cordillère des Andes — ponctuée de crises d'asthme pour Ernesto — et, le 14 février 1952, l'arrivée au Chili. Le 19, le *Diaro austral* de Temuco, petite ville chilienne, consacre un article à ces « deux spécialistes argentins en léprologie traversant l'Amérique du Sud en moto » et reproduit une photographie des deux pèlerins. Quelques jours plus tard, la Poderosa II, qui a connu quelques ennuis mécaniques, perd la légitimité de son nom en succombant à une panne définitive. Granado et Guevara arrivent à Santiago de Chili le 1er mars. Le premier prend le second en photo sur fond d'un faubourg de la capitale.

Amérique du Sud, 1952-1953

ant gagné Valparaiso en stop, Guevara et Granado embarquent plus ou moins clandestinement sur le *San-Antonio*, un cargo qui se rend à Antofagasta, deux ille kilomètres plus au nord : corvée d'épluchures pour Granado (photo prise par Guevara), corvées de chiottes pour Guevara (photographié par Granado ns une posture plus avantageuse). Arrivés à bon port, ils vont visiter les mines de cuivre et de nitrate de Chuquicamata, qu'exploite une compagnie nord-néricaine. Les conditions de vie des mineurs les bouleversent et les indignent.

court d'argent, ils acceptent des petits boulots occasionnels afin de poursuivre le voyage. Le 23 mars, ils sont au Pérou. Visite du lac Titicaca, des ruines la forteresse d'Ollantaytambo (près de Cuzco), du site inca de Machu Pichu (4 et 5 avril), où Guevara montre tout son intérêt pour l'archéologie. À Lima (1er mai), ils vont trouver un spécialiste de la lèpre, qui les oriente vers le lazaret de San Pablo, sur une rive de l'Amazone, au carrefour des frontières colombienne et brésilienne. Ils s'y rendent en remontant l'Ucayali sur un petit bateau à moteur qui transporte des voyageurs indiens et une cargaison de tabac – effroyable crise d'asthme et distraction avec une gentille prostituée pour Guevara. Ils arrivent sur place le 8 juin. Après douze jours passés à la léproserie, les deux Amérique-trotters continuent, le 20 juin, leur descente de l'Amazone sur un radeau artisanal, construit sur place et baptisé le *Mambo-Tango* (le jour du départ, photographie de groupe avec le personnel de la léproserie). Parvenus à Leticia, en Colombie, ils prennent un avion pour Bogotá, puis passent au Venezuela. Le 26 juillet, après sept mois de périple commun, ils se séparent à Caracas : Granado a trouvé un emploi dans une léproserie de la région et, conformément à la promesse faite à sa mère, son compagnon doit regagner l'Argentine pour achever ses études de médecine. À Caracas, Guevara se fait admettre gratuitement dans un avion-cargo qui se rend à Buenos Aires, avec une escale à Miami pour y livrer des chevaux. À la suite d'un problème technique, l'étape en Floride dure trois semaines : sans argent, Guevara survit avec difficulté et gardera un souvenir des plus amers de ce séjour forcé sur le territoire des États-Unis. L'avion le dépose finalement à Buenos Aires le 31 août.

r ce voyage de dix mille kilomètres à travers l'Amérique latine, qui a tenu à la fois de la quête initiatique d'un homme jeune cherchant une raison d'être et vagabondage touristique d'un étudiant jetant sa gourme, Guevara note dans ses papiers : « Cette errance sans but à travers notre "Amérique Majuscule" 'a changé plus que je ne croyais. » Le fils de famille a découvert une certaine ivresse de l'aventure, mais aussi la misère et l'exploitation de l'Amérique latine par les États-Unis. Il dira avoir eu peu à peu la perception que sa patrie n'est plus désormais la seule Argentine, mais l'Amérique du sud tout entière. Il entame enfin une accession progressive – mais lente – vers une conscience politique.

De septembre 1952 à mars 1953, Guevara bachote avec ardeur son programme de médecine et passe avec succès ses derniers examens : quinze certificats en un semestre, presque un tour de force. Mais à peine a-t-il reçu son diplôme de docteur – avec la mention *très honorable* – le 12 juin 1953, qu'il se lance dans un deuxième grand voyage en Amérique latine. Son projet est de rejoindre Granado dans sa léproserie du Venezuela et d'y travailler comme médecin.

Amérique du Sud, 1953–1954

Le 7 juillet 1953, en compagnie d'un autre camarade de Cordoba, Carlos Ferrer (dit Calica), fils d'un médecin que les Guevara ont parfois appelé pour soigner l'asthme de leur fils aîné, le diplômé de la Faculté de médecine de Buenos Aires prend un train pour la Bolivie et arrive à La Paz, cinq jours plus tard. Ferrer et lui passent deux mois dans cette capitale, où ils font la connaissance de Ricardo Rojo, jeune avocat argentin réfugié hors de son pays où le tracassait le gouvernement peroniste (Rojo consacrera plus tard à Guevara un livre intitulé *Che Guevara, vie et mort d'un ami,* paru l'année qui suivit la mort de cet ami). De ce séjour en Bolivie, il reste une photo de Guevara dans l'embrasure de la « Porte du soleil », dans l'île du même nom, sur le lac Titicaca, près de La Paz.

Guevara gagne ensuite le Pérou, accompagné par Ferrer et Rojo, puis l'Équateur, où il embarque, en compagnie d'un autre compatriote, Eduardo (dit Gualo) Garcia, sur un bateau à destination de Panama. De là, Guevara et Garcia poursuivent leur route en traversant le Costa Rica — rencontre, dans le bar Soda Palace de San José, de quelques Cubains en rébellion contre le régime de leur pays —, puis le Nicaragua et le Salvador. Ils arrivent à Guatemala Ciudad le 20 décembre 1953. Guevara va rester neuf mois dans ce pays. Deux images de lui prises au cours du voyage : une baignade en compagnie de Rojo et de Garcia, et une marche sac au dos au côté de Garcia.

À ce point de son périple, Guevara a manifestement renoncé à son projet de rejoindre Granado dans sa léproserie du Venezuela et a préféré poursuivre son itinéraire jusqu'au Guatemala. C'est ce que les historiens appellent un tournant.

Le 23 décembre, par l'intermédiaire de Rojo, Guevara fait à Guatemala Ciudad la connaissance d'une réfugiée politique péruvienne de trois ans son aînée, Hilda Gadea, militante d'extrême-gauche et membre de l'APRA (« Alliance populaire révolutionnaire américaine »). Petite et boulotte, Hilda n'a pas un physique séduisant, mais elle est intelligente et a du caractère. Elle a aussi des convictions anti-impérialistes bien ancrées et fait lire à Guevara les écrits de Marx, d'Engels et de Mao. Elle apparaît à côté de Guevara sur une photographie d'un groupe d'amis, où figurent également Rojo et Garcia (ce dernier, accroupi).

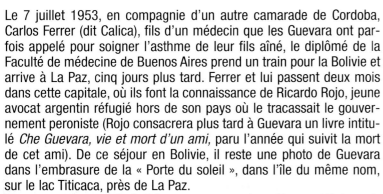

Guatemala, 1954

Guevara a de longues conversations politiques avec Hilda et l'entraîne dans des promenades à la campagne ou dans des pique-niques sur la pelouse du campus universitaire, sur fond de Bibliothèque centrale.
Le 27 décembre, Hilda présente à Guevara quelques Cubains exilés appartenant au *Mouvement du 26 juillet* et qui passeront au Mexique courant avril. Parmi eux, Antonio (dit Nico) Lopez, qui aurait donné à Guevara son surnom de « Che ». Ce sobriquet, sous lequel le personnage est entré dans l'Histoire, est en fait l'interjection favorite des Argentins. Comme ses compatriotes, Guevara l'utilisait à tout bout de champ en début de phrase (dans toute l'Amérique latine, les *Che* sont les Argentins).
Au cours de son séjour au Guatemala, Guevara assure sa subsistance dans de vagues et transitoires emplois. Il parvient même à se faire engager comme médecin dans un centre de formation d'instituteurs. Ses relations avec Hilda Gadea sont peu à peu devenues sentimentales et, le 26 juin 1954, il lui propose le mariage. En dépit de sollicitations répétées, elle différera sa réponse durant plus d'une année, doutant sans doute de la solidité des sentiments de cet Argentin avec lequel elle forme un couple peu assorti.
Influencé par le militantisme de son amie, Guevara soutient l'action du gouvernement de Jacobo Arbenz, qui nationalise les grandes propriétés et envisage une importante réforme agraire. Mais les initiatives présidentielles déplaisent fort à la Maison-Blanche, sensible aux doléances de la compagnie *United Fruit* qui se voit dépouillée de quelques dizaines de milliers d'hectares : en juin 1954, le gouvernement d'Arbenz est renversé par le colonel Castillo Armas, que soutiennent militairement les États-Unis (des mercenaires entraînés par la CIA ont envahi le pays en passant par le Honduras). Un temps, Guevara milite dans la résistance contre ce coup d'État, mais la dureté de la répression — plusieurs milliers de morts — le contraint à se réfugier à l'ambassade d'Argentine, puis à gagner le Mexique en septembre.

Mexique, 1954

Au Mexique, où il arrive le 21 septembre 1954, Guevara fait valoir son expérience médicale au laboratoire du professeur Pisani et obtient un poste d'assistant dans le service d'allergologie d'un hôpital de Mexico. Son salaire étant surtout symbolique, il gagne sa vie, en association avec son ami guatémaltèque Julio Caceres (dit El Patajo), comme photographe ambulant. Parcourant les rues et les jardins publics, il tire le portrait d'enfants en poussette et de couples d'amoureux. Il se fait sur place de nouveaux amis. Avec eux, il visite les ruines mayas et tente, malgré son asthme, l'ascension du volcan Popocatepetl.

En mars 1955, Guevara est engagé p[ar] la filiale mexicaine d'une agence [de] presse argentine, l'agence Latina, qui [lui] délivre une carte d'accréditation po[ur] couvrir les Jeux panaméricains [de] Mexico en qualité de photographe-chr[o]niqueur.

Mexique, 1954–1955

Hilda Gadea, arrivée au Mexique en novembre, retrouve Guevara, qui ne pensait plus la revoir. En mars 1955, elle accepte enfin le mariage. Le 18 août, à Tepotzolan, bourgade à une quarantaine de kilomètres de Mexico, Ernesto Guevara épouse civilement Hilda Gadea, qui est alors enceinte de trois mois. Le voyage de noces, en novembre, a lieu dans le sud du Mexique, avec la visite de vestiges de la civilisation maya. Le jeune marié prend des photos de Palenque et, dans la péninsule du Yucatan, des sites d'Uxmal et de Chichen Itza. Le retour vers Mexico s'effectue sur un bateau qui fait du cabotage le long de l'État de Vera Cruz.

Mexique, 1955

En juin 1955, Guevara est présenté par Nico Lopez – un des émigrés cubains dont il a fait connaissance et qui est passé lui aussi du Guatemala au Mexique – à Raoul Castro. Il se lie d'amitié avec ce dernier, qui assiste à son mariage le 18 août. Une photographie de cette époque les montre sur la plage de Vera Cruz, avec d'autres amis : Raoul Castro est au centre, Guevara à droite.

Le 26 juillet 1953, à Cuba, le frère aîné de Raoul, le jeune avocat Fidel Castro, a tenté, en menant un groupe d'opposants au dictateur Fulgencio Batista, de prendre d'assaut la caserne de La Moncada, à Santiago de Cuba. Une bonne partie des assaillants a été massacrée par l'armée. Fait prisonnier avec les survivants de cette opération kamikaze, Castro est passé en jugement et a été condamné à une lourde peine de prison. Grâce à une amnistie, il a cependant été remis en liberté en mai 1955, après vingt-deux mois de cellule, comme les autres « Moncadistes ».

Par prudence, il a quitté Cuba et émigré au Mexique le 8 juillet, plus décidé que jamais à reprendre la lutte contre Batista. Il s'appuie pour cela sur le Mouvement du 26 juillet, ce « M26-7 » qu'il vient de fonder, et s'active frénétiquement à organiser un retour armé dans son île natale.

Le 10 juillet 1955, dans l'appartement de la Cubaine Maria-Antonia Gonzales, 49, rue Emparan, dans le centre-ville de Mexico, Guevara rencontre pour la première fois Fidel Castro, qui lui fait une forte impression. Au terme d'une discussion nocturne de plusieurs heures, où l'habileté rhétorique et le pouvoir de persuasion hors du commun du leader cubain ont dû jouer, Guevara envisage de faire partie, comme médecin, de l'expédition en préparation pour chasser Batista de Cuba. Ni Guevara ni Castro n'ont été très prolixes sur les propos qu'ils avaient échangés lors de cette longue discussion, mais au matin du 11 juillet est née une amitié entre ces deux hommes qui partagent la même vision politique de l'Amérique latine et sont tous deux partisans de la révolution par les armes. En rencontrant Castro – assurément la rencontre déterminante de sa vie –, le « Che », qui n'était jusqu'alors qu'un médecin en rupture d'hôpital et un trimardeur à la petite semaine, a trouvé une cause, un combat et un mentor. Le 26 juillet, dans le parc de Chapultepec, il rejoint les « Moncadistes » de Mexico pour participer à une réunion commémorant le deuxième anniversaire de l'attaque de La Moncada.

Mexique, 1956

Le 15 février 1956, Hilda Beatriz (dite Hildita) Guevara Gadea, vient au monde. Trois jours plus tard, Fidel Castro se rend chez les parents pour voir le bébé, qui a les joues et les yeux bridés de sa mère, laquelle est d'ascendance indienne. « Elle sera élevée à Cuba », prédit-il devant le berceau (ce sera effectivement le cas). Castro constate-t-il à cette occasion que le couple Guevara bat de l'aile ? Le 1er mars, dans une lettre à son amie Tita Infante, Guevara s'exprime en ces termes sur sa paternité : « Son arrivée a mis un frein à une situation conjugale désastreuse, et ensuite elle me donne la certitude totale que je pourrai m'en aller malgré tout. Que mon incapacité à vivre aux côtés de sa mère est supérieure à l'affection que je lui porte. Un moment j'ai cru que le mélange de ravissement pour la gamine et ma considération pour sa mère […] pourrait me transformer en un père de famille ennuyeux […] maintenant je sais qu'il n'en sera rien. »

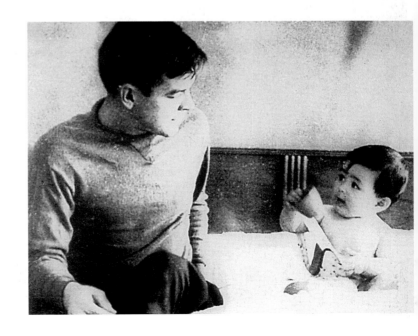

Mexique, 1956

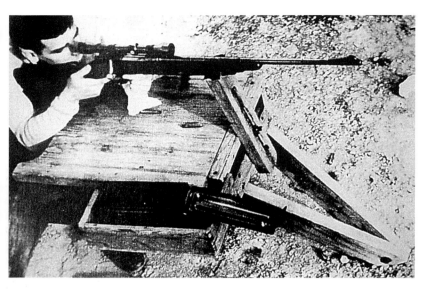

En janvier 1956 débute l'instruction militaire des rebel[les] dirigés par Castro. Une quarantaine de volontaires [du] M26-7 arrive de Cuba. En mars, le groupe s'installe dans [le] ranch *Santa Rosa* (seize kilomètres sur neuf), situé à Chal[co] dans les environs de Mexico. Le Che — ses compagno[ns] d'entraînement ne l'appellent plus qu'ainsi — commen[ce] ses classes de guérillero. L'instructeur recruté par Cas[tro] est Alberto Bayo, ancien officier de l'armée républicai[ne] espagnole. Approuvé par le chef de l'expédition, Ba[yo] désigne Guevara, dont il a remarqué la combativité et l'ap[ti]tude au commandement, comme chef de l'intendance de [la] troupe. Certains Cubains renâclent que ce poste soit con[fié] à un étranger, mais Castro balaie leurs argumen[ts]. L'entraînement des futurs guérilleros consiste en march[es] de nuit avec un sac à dos bien lesté, en cours de comba[t à] mains nues, en exercices de tir dans le domaine de L[os] Gamitos, dans la banlieue de Mexico, en compétitio[ns] d'aviron sur le lac du parc de Chapultepec à Mexico et [en] ascensions du Popocatepetl.

Mexique, 1956

Batista, naturellement au courant des projets de Castro, fait appel aux autorités mexicaines et demande l'extradition des Cubains rebelles. Le 20 juin, Fidel Castro et Maria-Antonia Gonzales sont interpellés par la police. Le lendemain, c'est au tour de l'épouse de Guevara d'être conduite au poste avec la petite Hildita dans les bras : les policiers veulent savoir où est son mari, dont les relations avec les Moncadistes sont connues. Le 24 juin, Guevara et plusieurs Cubains sont arrêtés dans leur hacienda de Chalco par une armada de policiers venus en jeep et en camion, et incarcérés dans le centre de détention des étrangers en cours d'expulsion, situé rue Miguel-Schultz. Fidel Castro est enfermé avec eux. Son frère et quelques autres ont échappé à l'arrestation. Hilda Guevara, qui a été libérée très vite, sera autorisée à rendre visite à son mari, en emmenant leur fille.

Sur les photographies prises dans la cour du centre Miguel-Schultz, les futurs libérateurs de Cuba se montrent souriants et décontractés, mais ces images apparaissent aujourd'hui aussi tragiques que les portraits de groupe des Communards de 1871 sur leurs barricades, peu avant les fusillades de la Semaine sanglante. Car bon nombre de ces Cubains seront tués quelques mois plus tard par les soldats de Batista. Les autres n'ont encore rien de la dégaine des *barbudos* maigres et valeureux qui vont entrer dans la légende. Sur l'une de ces photos, un Guevara tout de blanc vêtu est couché sur le sol (sur la même image apparaît, tenant un drapeau cubain, cette Maria-Antonia chez laquelle Castro et le Che ont fait connaissance). Sur une autre photographie prise en prison, on reconnaît le Che, assis, deuxième à partir de la gauche, et un étonnant Castro, debout au centre du groupe, portant des lunettes de soleil.

Mexique, 1956

Castro et le Che se retrouvent voisins de lit dans la grande cellule commune (les premières photographies montrant les deux personnages ensemble datent de ces journées). Le 9 juillet, à la suite d'une intervention de l'ancien président du Mexique, le général Lazaro Cardenas, sollicité par les avocats du M26-7, la plupart des Cubains sont libérés. Castro est lui-même délivré le 24. Guevara, suspecté d'être un agent du communisme international, n'est élargi qu'en août, au terme d'un séjour de cinquante-sept jours de prison. Il reprend l'entraînement avec les autres Cubains, mais dans une clandestinité renforcée, car il a été mis en demeure de quitter le Mexique dans les dix jours.

Cuba, 1956

Ayant fait ses adieux à sa femme, avec laquelle l'entente des premiers temps est morte – Hilda regagnera peu après le Pérou avec leur fille –, Guevara embarque le 25 novembre avec les autres membres du commando monté par Castro. Craignant, non sans raison, une dénonciation, ce dernier a décidé de précipiter le départ. Le 25 novembre 1956, à deux heures du matin, les quatre-vingt-deux hommes du corps expéditionnaire, venus sur place par petits groupes, embarquent au port de Tuxpan, sur la côte mexicaine. Ils s'entassent sur un yacht blanc de dix-neuf mètres, le *Granma*, acheté à un Américain. Le bateau est extrêmement chargé : outre ses passagers (les historiens de la Révolution cubaine se demandent encore comment tant d'individus ont pu prendre place dans une embarcation aussi petite), il transporte une cargaison d'armes et de munitions. Le rafiot traverse le golfe du Mexique sur une mer très agitée. La plupart des Cubains sont victimes du mal de mer et vomissent à tour de rôle. Le médecin de l'expédition qui, dans la hâte du départ, n'a pas eu le temps d'emporter son inhalateur, est pris de violentes crises d'asthme.

À l'aube du 2 décembre, le *Granma* s'échoue dans les marécages de Los Cayuelos, sur la côte sud-est de Cuba. Comme l'endroit est à quelques kilomètres du lieu d'accostage prévu, l'expédition ne bénéficie pas du soutien logistique monté par le réseau du M26-7. « Ce ne fut pas un débarquement, mais un naufrage », attestera Guevara.

Les services secrets de Batista ayant été informés du départ du *Granma*, des garde-côtes surveillent les abords de l'île. Repérés et bombardés par l'aviation ennemie, les guérilleros se trouvent tout de suite dispersés et connaissent leurs premiers revers : le 5 décembre, au troisième jour, de nombreux Moncadistes sont abattus à Alegria de Pio. Atteint ce jour-là par une balle au niveau du cou – la blessure se révélera sans gravité –, le Che parvient à s'échapper avec une poignée de camarades. Son groupe rejoindra le 21 décembre le reste des rescapés, réfugié dans les cannaies, puis sur des hauteurs de la Sierra Maestra. En fin de compte, à peine le quart des combattants embarqués, dont les frères Castro et le Che, ont échappé au massacre ou à l'emprisonnement. Batista annonce même à la radio la mort de Fidel Castro, qui est pourtant bien vivant et plus décidé que jamais, avec ses dix-neuf hommes, à triompher de son adversaire, dont l'armée compte plus de quarante mille soldats.

Cuba, 1957

Par la force des choses autant que pour se reconnaître dans les combats, les rebelles regroupés autour de leur *jefe* se laissent désormais pousser barbe et cheveux, le Che comme les autres : « Il n'avait que très peu de barbe. Son regard était droit, très fixe. On avait l'impression d'être observé par une espèce de guerrier chinois », rapportera un paysan cubain qui le rencontra à cette époque.

C'est le début de l'épopée des *barbudos*. Les premiers jours ne sont qu'une longue marche dans la Sierra Maestra. Le Che progresse avec les autres, mais l'asthme le talonne : « Tous purent atteindre le sommet et le passer. Mais pour moi ce fut une épreuve terrible. J'y suis arrivé mais avec une crise d'asthme telle qu'il m'était difficile de faire le moindre pas. Je me souviens des efforts du guajiro Crespo pour m'aider à avancer. Quand je n'en pouvais plus et que je lui demandais de m'abandonner, le guajiro me disait, dans le jargon propre à notre troupe : " Argentin merde, tu vas avancer ou je te fais avancer à coups de crosse' (*Souvenirs de la guerre révolutionnaire*).

Le 17 janvier 1957, la prise de la petite caserne de La Plata, village cô au pied du mont Turquino, marque la première victoire de la guéri Le Che, qui a incendié un hangar sous le feu de l'adversaire, empo comme trophée le casque d'un soldat de l'armée régulière — ce qui vaut peu après d'être, par erreur, pris pour cible par un autre guérill Le 22 janvier, à Arroyo del Infierno, il tue son premier ennemi avec s fusil. Fin février, ses crises d'asthme sont si nombreuses qu'il lui faut séparer de la troupe et se reposer sur place quelques jours. Il rejoint colonne à la mi-mars.

Cuba, 1957

Dans les premiers temps de la guérilla, Guevara a eu le statut de « médecin de l'état-major » de l'armée rebelle. Entre les combats, il a prodigué ses soins aux combattants blessés et aux malades des hameaux traversés. La réputation de ce médecin à l'accent étranger, qui passe ses heures de repos à apprendre à lire aux paysans, s'est très vite étendue dans la Sierra Maestra. Ayant reçu une trousse d'instruments de chirurgie, il s'est même improvisé dentiste – ou plutôt arracheur de dents.

En mai, Castro, qui a constaté son ardeur au combat, lui fait remettre un fusil automatique américain M-1. Le docteur Guevara devient dès lors un combattant à part entière et participe aux discussions de Castro et de son état-major rapproché. Le 28 mai, les rebelles sortent victorieux de l'attaque de la garnison d'El Uvero, qui est sise en bord de mer. Le Che s'y distingue par son indifférence au danger sous le feu ennemi – son « talon d'Achille de guérillero », dira un jour Castro.

En juin, revenant à son premier métier, le Che reste une vingtaine de jours auprès des blessés de la colonne. Puis, la guérilla ayant recruté un autre médecin, il lui confie sa trousse d'instruments de soins : « À partir d'aujourd'hui, je ne suis plus médecin, mais guérillero. »

Cuba, 1957

Une série de photographies montre le Che avec Castro et les autr[es] guérilleros de l'état-major dans leur base de la Sierra Maest[ra]. Au premier plan est Raoul Castro, qui tient son fusil à lunettes sans tr[op] d'embarras.

Après l'avoir dans un premier temps nommé capitaine et lui av[oir] confié le commandement d'une colonne de soixante-quinze hommes [—] la première créée à partir du corps principal —, Castro décerne au Ch[e] le 21 juillet 1957, le titre de *comandante*. C'est le grade le plus éle[vé] dans l'armée rebelle, et il est le premier – lui, un non Cubain – à [le] recevoir. Le béret étoilé, seul signe extérieur de ce statut, fera plus ta[rd] partie de son personnage, mais il s'en coiffera assez rarement dura[nt] la guérilla : il portera longtemps une casquette vert olive, puis un bé[ret] orné des deux sabres entrecroisés des soldats américains de la Guer[re] de sécession. Fin juillet, sa colonne attaque la caserne d'El Bueycito. À l'abri dans les replis montagneux de la Sierra Maestra, la guéri[lla] organise un semblant d'administration des territoires occupés (ou lib[é]rés, selon le point de vue). Castro passe beaucoup de temps à par[ler] aux paysans de la nécessité d'une réforme agraire – « fer de lance [de] l'armée rebelle » – qui attribuerait la terre à celui qui la cultiv[e]. Il recueille ainsi un large mouvement de sympathie et de nombre[ux] ralliements. Ce soutien paysan est une des explications de la victo[ire] finale des *barbudos*, pourtant bien moi[ns] nombreux et équipés que les soldats [de] l'armée régulière. D'autres élémen[ts] interviendront encore en faveur [du] triomphe de la guérilla, comme l'acti[on] des réseaux rebelles urbains, la corru[p]tion du régime au pouvoir, le manque [de] foi de l'armée de Batista dans son com[bat, sans oublier le charisme personn[el] de Castro, sa force de volonté, et [sa] confiance immense en sa bonne étoile.

Cuba, 1957

Cuba, 1957

Fin août, à El Hombrito, la colonne du Che obtient la victoire sur détachement de cent quarante soldats. À la mi-septembre, à Pino del Ag lors d'une opération dirigée par Castro lui-même, le Che et ses homn tendent une embuscade à cinq camions chargés de soldats.

En octobre, l'armée hésitant à s'aventurer dans la région, le Che établit campement stable dans la vallée haut perchée d'El Hombrito, pren « territoire libre » de sa colonne. Il y fait aménager un dispensaire, une éco un four à pain et d'autres structures reconstituant un semblant de vie soci Le 4 novembre, il fonde un journal de propagande ronéotypé, *El Cubano Lil* qui n'a que l'inconvénient d'être surtout diffusé auprès de paysans illettrés Vers la fin de l'année, pour provoquer l'aviation de l'armée régulière, déployer dans la montagne un grand drapeau du M26-7 souhaitant à l'enn une bonne année 1958. Il se fait même photographier avec ses guérille devant cette bannière, qui a l'effet attendu : les bombardements se multipli dans la zone.

Fin novembre, le campement d'El Hombrito doit être évacué, car l'arn ennemie lance une opération dans le secteur. Une bataille a lieu 29 novembre, au cours de laquelle le bras droit du Che, Ciro Redondo, est t Le campement d'El Hombrito ayant été détruit, le Che se replie sur La Me hameau du voisinage, qui devient son nouveau QG. Il y établit un nouveau fixe, avec hôpital, armurerie, cordonnerie, école, etc. Des photograph le montrent dans ce nouveau camp, essayant un lance-grenade et un fu arbalète (le M26-7 ou « spoutnik ») qui projette au loin un cocktail Molotov, fabriquant des bombes artisanales en extrayant le TNT d'une bombe r explosée larguée par un avion ennemi.

Le 8 décembre, à Altos de Conrado, le médec guérillero reçoit une balle dans le pied au co d'un accrochage. En un an, depuis le débarqu ment du *Granma*, il bénéficie d'une incontesta aura auprès des paysans de la Sierra Maestra, éprouvent pour lui une véritable vénération souvent avant même de l'avoir rencont Le *comandante* Guevara a déjà sa légende.

Cuba, 1957

Cuba, 1957–1958

Cuba, 1957–1958

Cuba, 1958

« Aujourd'hui, j'ai commencé à étudier le français avec le Che, qui a une magnifique prononciation » (Journal de Raoul Castro, 8 février 1958).
Le 24 février, à l'aide d'un émetteur vétuste, le Che crée *Radio Rebelde* — « Ici Radio Rebelde, ici la Sierra Maestra, le premier territoire libre de Cuba… » Sa diffusion est limitée : on n'en capte même pas les émissions à Santiago de Cuba.

Depuis une interview de Castro par l'Améric[ain] Herbert Mathews, parue dans le *New Y[ork] Times* au cours du premier trimestre 1957[, la] guérilla cubaine est connue du monde en[tier.] Des journalistes étrangers viennent de temp[s à] autre dans la Sierra, conduits par le rése[au] urbain, pour rencontrer Castro et son ét[at-] major. En avril 1958, interrogé et filmé [par] l'Argentin Jorge Ricardo Masetti, le C[he] s'adresse aux habitants de Cuba : « Je pro[fite] de la visite d'un journaliste pour adresser [mon] premier salut au peuple cubain. Je suis ve[nu] défendre ce peuple que je ne connais q[u'à] travers l'action et la pensée de notre chef, Fi[del] Castro. » De ce séjour chez les rebell[es,] Masetti tirera un livre dans lequel il décrit [le] Che avançant sur sa mule, jambes pendant[es,] avec deux fusils en bandoulière et un appa[reil] photo autour du cou. Les services de Bati[sta] l'avaient déjà surnommé le « guérillero au pe[tit] âne ».

46

Cuba, 1958

Cuba, 1958

En mai, Batista lance contre les occupants armés de la Sierra Maestra une grande offensive qu[i] durer deux mois et demi : l'opération « FF » (fin de Fidel). Il mobilise dix mille soldats, épaulés [par] une artillerie et une aviation importantes. Castro dispose alors d'environ trois cents hommes. L'hab[ileté] tactique des guérilleros, l'appui que leur donnent les paysans, la nature du terrain transforment c[ette] offensive, qui se termine début août, en un échec : la Sierra Maestra demeure aux mains des rebel[les.] Castro, dont la troupe bénéficie de plus en plus de ralliements, juge alors opportun de passer à la con[tre-]offensive et lance la guérilla à travers plusieurs territoires de l'île. Lui-même prend la tête d'[une] colonne qui doit libérer Santiago de Cuba et la province d'Oriente. Camilo Cienfuegos doit atteindre la province de Pinar del Rio, à l'autre bout de l'île. Quant au Che, deux consignes lui sont données, qui en disent long sur la confiance et l'estime que Castro place en lui. La première est militaire : sa colonne de cent quarante-cinq hommes, baptisée « Ciro Redondo », doit avancer jusqu'à la Sierra de l'Escambray, dans la province de Las Villas, au centre de l'île. L'autre objectif est diplomatique : le Che doit assurer la jonction avec les foyers révolutionnaires de cette région, qui sont loin d'être tous soumis à l'autorité du M26-7, comme le « Directoire révolutionnaire » ou le « Deuxième Front » de l'Escambray.
Le Che se met en route fin août. Avec ses hommes, il parcourt, à pied ou à dos de mulet, les six ce[nts] kilomètres d'une plaine souvent marécageuse, en évitant la route principale, tenue par l'arm[ée] régulière. Le raid dure sept semaines pénibles, pendant lesquelles les guérilleros subissent la faim[, la] soif, les moustiques, les bombardements de l'aviation ennemie, des pluies torrentielles et même [des] cyclones. Lorsque la colonne arrive au cœur de la province de Las Villas, en octobre, le Che a pe[rdu] moins d'une dizaine de combattants. Sa stratégie, au cours de cette longue marche, a été d'évite[r le] plus possible les affrontements avec l'armée régulière et d'échapper à son encerclement : une tacti[que] dont les historiens de la guérilla castriste ont souligné la grande habileté.

Cuba, 1958

Impuissante à arrêter la progression des colonnes rebelles, l'armée placarde dans les villages une affiche offrant une récompense pour la capture des chefs rebelles – et communistes – Guevara et Cienfuegos. Avec leur barbe et la longueur de leur chevelure, les deux *outlaws* ne ressemblent plus beaucoup à leur portrait photographique de l'affiche.
Il reste au Che à accomplir le second volet de sa mission : faire passer les mouvements rebelles de l'Escambray sous la bannière du M26-7 et organiser la guérilla dans la région. Ce n'est pas chose facile. Même la branche locale du M26-7, dirigée par Victor Bordon, renâcle tout d'abord à accepter son autorité. Les querelles internes de la guérilla trouveront un terme dans la signature du pacte d'El Pedrero, le 1er décembre. Tous les mouvements rebelles passeront alors sous les ordres du Che. Ce dernier apparaît, passablement débraillé, la chemise ouverte jusqu'au nombril, sur une photographie où il pose avec l'état-major du « Directoire révolutionnaire » de la province de Las Villas. Sur une autre, il discute avec des combattants du « Deuxième Front » de l'Escambray.

Cuba, 1958

Le Che doit à présent s'emparer de la province de Las Villas, dont Santa-Clara est la capitale. Autant le trajet pour atteindre l'Escambray a été long et difficile, autant l'avancée vers Santa-Clara va être foudroyante et relativement aisée. Le 18 décembre, au bout de deux jours de combat, ses guérilleros se rendent maîtres de la caserne et de la petite ville de Fomento, une bourgade de dix mille habitants. Sur les photographies de ces heures glorieuses, le Che apparaît au milieu de miliciens et de miliciennes en effervescence ; en compagnie de Victor Bordon, chef du M26-7 dans la province de La Villas, droit comme un i et tête nue au côté de son confrère Oscar Fernandez Mell, un des médecins de la guérilla. Tandis que les guérilleros vainqueurs agitent un étendard du M26-7 devant le bâtiment, le Che (assis) et Fernandez Mell (debout) discutent avec le lieutenant Pérez Valencia, chef de la caserne qui s'est rendue, permettant à la guérilla de faire cent vingt prisonniers.

Entouré de drapeaux cubains, le *comandante* s'adresse, juché sur sa jeep, à la population de chaque localité libérée pour lui expliquer le sens de la guérilla.

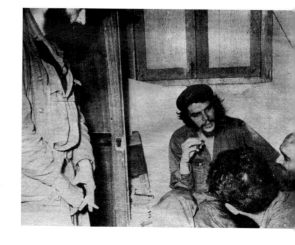

Cuba, 1958

Cuba, 1958

Le 20 décembre, la colonne du Che attaque la caserne de Cabaiguan, cité à une soixantaine de kilomètres à l'est de Santa-Clara. Monté nuitamment sur un toit, le Che trébuche sur une antenne de télévision et se retrouve dans un patio avec l'arcade sourcilière droite fendue et le poignet gauche luxé. Ses hommes le conduisent dans le centre de soins où officie Fernandez Mell, qui lui plâtre le poignet. Au cours des semaines suivantes, l'écharpe noire soutenant son bras sera du meilleur effet lors des harangues des foules.

La caserne de Cabaiguan se rend dans la nuit du 22 au 23 décembre. Résultat : une centaine de prisonniers et un butin en mitrailleuses et en fusils. Le 23, les soldats cantonnés dans la petite ville de Placetas déposent à leur tour les armes.

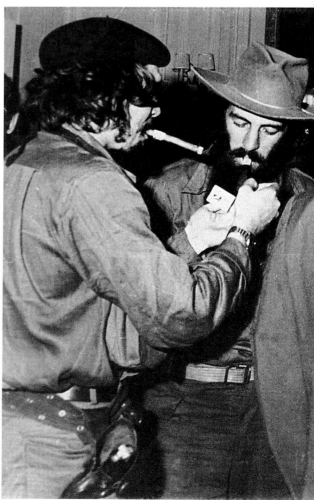

Cuba, 1958

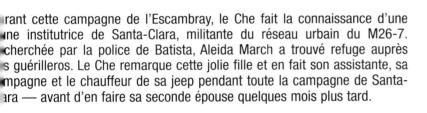

rant cette campagne de l'Escambray, le Che fait la connaissance d'une une institutrice de Santa-Clara, militante du réseau urbain du M26-7. cherchée par la police de Batista, Aleida March a trouvé refuge auprès s guérilleros. Le Che remarque cette jolie fille et en fait son assistante, sa mpagne et le chauffeur de sa jeep pendant toute la campagne de Santa-ara — avant d'en faire sa seconde épouse quelques mois plus tard.

Cuba, 1958

L'attaque de Santa-Clara, dernier barrage avant La Havane, débute dans la nuit le 27 décembre. A l'aide d'un guérillero cartographe, Antonio Nunez Jimenez, le Che utilise un chemin vicinal repéré sur [la] carte d'état-major pour faire pénétrer ses hommes dans la ville, par petits groupes, évitant ainsi les vo[ies] d'accès principales, tenues par l'armée.

De son côté, l'état-major de Batista envoie à Santa-Clara un train blindé dont les dix-neuf wagons s[ont] chargés de soldats et de munitions. Informé, le Che ordonne de saboter la voie ferrée. La locomo[tive] déraille et quelques cocktails Molotov sont lancés sous les wagons. Leurs occupants se rendent ap[rès] une négociation menée personnellement par le Che, sur la base de transactions dont le détail [est] toujours demeuré mystérieux, et la guérilla fait main basse sur le stock de munitions contenu dan[s le] train. La garnison de la caserne Leoncio-Vidal se rend le 1er janvier.

La bataille de Santa-Clara a fait très peu de morts. Les soldats de l'armée régulière ne croyaient plu[s à] leur combat et ne demandaient qu'à se rendre. Il n'en demeure pas moins que la prise de la ville [est] décisive dans le processus de libération de Cuba : Che Guevara, libérateur de Santa-Clara, est désorm[ais] un héros national. Cienfuegos, dont la colonne a également progressé mais qui a reçu de Castro l'ordre de rejoindre le Che et de se mettre sous ses ordres, remarque l'engouement que suscite partout le Che : « Je sais ce que je vais faire quand nous aurons gagné. Je vais te mettre dans une petite cage et parcourir tout le pays en demandant cinq pesos pour te voir. Je vais devenir riche ! », lui dit-il. En attendant, le Che photographie Aleida March devant un wagon déraillé : « Je vais te prendre en photo pour la postérité. »

Santiago de Cuba, à sept cents kilomètres de là, est prise le 1er janvier par la colonne de Castro.

Cuba, 1959

rant la nuit de la Saint-Sylvestre, Batista a pris le large dans un avion qui
déposé à Saint-Domingue. Pour les guérilleros, la route vers la capitale est
re. Le matin du 2 janvier 1959, les colonnes du Che et de Cienfuegos
rchent sur La Havane, qui est à 300 kilomètres de Santa-Clara. Sur ordre
Castro, la préséance doit être donnée à la colonne de Cienfuegos : la capi-
e ne doit pas être libérée par un commandant guérillero de nationalité
angère.
rès quelques combats de rue entre des civils et les derniers soldats restés
èles à la dictature, Cienfuegos entre à La Havane le matin du 3 janvier
us les ovations de la foule et s'empare de la forteresse de Columbia. Le Che
ive quelques heures plus tard, en pleine nuit, et prend possession, selon
consigne de Castro, d'un site beaucoup moins stratégique sur le plan mili-
re : la forteresse de La Cabana, perchée au-dessus du port et bâtie jadis par
Espagnols. Il n'y rencontre aucune résistance. Le libérateur de Santa-Clara
t ainsi son entrée à La Havane sans la moindre manifestation populaire.

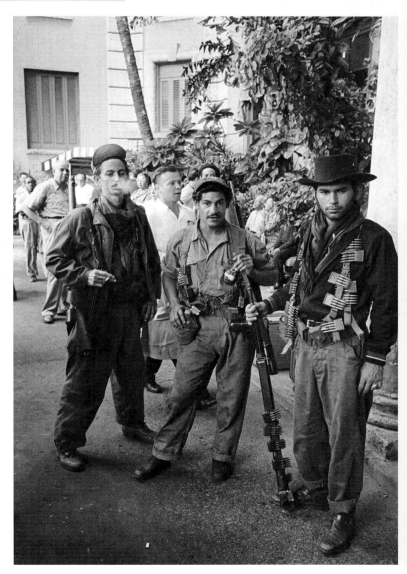

Cuba, 1959

Après une harangue enflammée à la population de la ville, Castro part de Santiago de Cuba le 3 janvier 1959, « année de la libération » (à partir de la Révolution, le gouvernement cubain donna un nom à chaque année nouvelle). Le chef du M26-7 traverse son île natale dans une marche triomphale de cinq jours. Le Che, qu'il n'a pas vu depuis six mois, le rejoint par avion, à Matanzas, le 7 juillet. Castro fait le lendemain son entrée à La Havane, ovationné par une foule en liesse et prononce son premier grand discours dans la capitale à la caserne de Columbia. Quelques colombes sont lâchées et l'une vient se poser sur l'épaule du tribun. L'effet est prodigieux.

Cuba, 1959

Cuba, 1959

Castro nomme le Che gouverneur militaire de La Cabana et le charge d'y superviser les exécutions décidées par les tribunaux révolutionnaires d'épuration. Il tenait probablement à ce que cette besogne fût assurée par un des révolutionnaires dont l'esprit de justice et d'intégrité était en passe de devenir légendaire dans la population cubaine.
Au cours des semaines suivantes, les condamnés à mort – quelques centaines de militaires et de policiers accusés d'avoir été des tortionnaires – seront passés par les armes dans un fossé de la forteresse. Le Che n'a à intervenir que lorsque des recours en appel lui sont soumis en sa qualité de commandant de la forteresse. Il est resté discret sur ses états d'âme, s'il en eut : « La justice révolutionnaire est une justice véritable, elle n'est pas rancœur ou débordement malsain. Quand nous infligeons la peine de mort, nous le faisons correctement. »
L'épuration semble cependant avoir été relativement « contenue », malgré l'indignation manifestée dans la presse américaine contre ces jugements sommaires.

Cuba, 1959

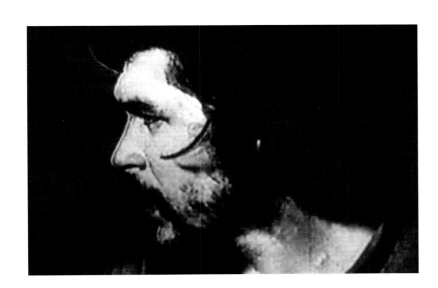

Cuba, 1959

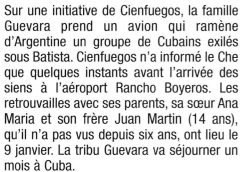

Sur une initiative de Cienfuegos, la famille Guevara prend un avion qui ramène d'Argentine un groupe de Cubains exilés sous Batista. Cienfuegos n'a informé le Che que quelques instants avant l'arrivée des siens à l'aéroport Rancho Boyeros. Les retrouvailles avec ses parents, sa sœur Ana Maria et son frère Juan Martin (14 ans), qu'il n'a pas vus depuis six ans, ont lieu le 9 janvier. La tribu Guevara va séjourner un mois à Cuba.

Cuba, 1959

Autres retrouvailles : Alberto Bayo, l'entraîneur du corps expéditionnaire du *Granma*, est venu à Cuba, où il se retrouve un jour au côté du Che face au micro d'une radio italienne.

Le 9 février, un décret signé Castro accorde au Che la nationalité cubaine. Ernesto Guevara devient « citoyen cubain de naissance ». Une loi promulguée l'avant-veille a spécifié que cet honneur serait accordé à ceux ayant combattu au moins deux années dans les rangs de l'armée rebelle et ayant porté le grade de commandant pendant au moins un an. Un décret tout à fait sur mesure, dont le Che est le seul à pouvoir bénéficier, mais qui va lui permettre d'exercer sous peu des fonctions officielles au sein du nouveau gouvernement cubain.

Le nouveau président de Cuba, mis en place par Castro, est Manuel Urrutia, mais le véritable pouvoir est détenu par le *jefe* et les commandants de la guérilla.

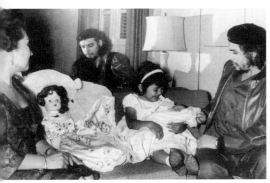

Le 21 janvier, Hilda Guevara arrive de Lima avec la petite Hildita. Le Che, qui n'a pas revu sa femme depuis son départ du Mexique, en novembre 1956, lui apprend qu'il vit avec une nouvelle compagne. Le divorce sera rendu effectif en mai. Hilda accepte de vivre désormais à Cuba pour que sa fille puisse voir régulièrement son père. Hildita reçoit de ce père une poupée pour son troisième anniversaire.

Cuba, 1959

En février et mars, le Che vit avec Aleida dans une grande villa de Tarara, lieu de villégiature situé à une vingtaine de kilomètres de La Havane. Comme il est arrivé à La Havane épuisé et malade — un diagnostic d'emphysème pulmonaire a été porté —, les médecins lui ont imposé un repos de convalescence qu'il n'a accepté que sur l'insistance extrême de Castro lui-même. Un repos relatif : très vite, la maison de Tarara est devenue un quartier général où se tiennent la nuit des réunions gardées confidentielles, avec tout un remue-ménage de gardes du corps, d'estafettes, de soldats en armes qui vont et viennent. En fait, ces réunions constituent un véritable gouvernement parallèle et secret, que rejoint Castro au petit matin. L'existence de ce groupe de travail restera longtemps ignorée de la plupart des Cubains, et même de la plupart des membres du gouvernement. Là se décide pourtant la future politique de Cuba.

Cuba, 1959

Le 1er mai, le Che participe à un défilé à Santiago de Cuba. Le même mois, il est parmi la foule venue à l'aéroport de Ciudad Libertad accueillir Castro, de retour d'un voyage aux États-Unis au cours duquel il a rencontré le vice-président Richard Nixon.

Dès janvier 1959, Jorge Ricardo Masetti, le journaliste argentin venu dans la Sierra Maestra interroger les rebelles, revient à Cuba à la demande du Che, qui lui propose de créer une agence de presse couvrant toute l'Amérique du Sud : *Prensa Latina*. Quatre ans plus tard, cet autre *Che* organisera une guerilla en Argentine, patronnée par Guevara et y laissera la vie.

Cuba, 1959

Courant mars, le Che a participé à la rédaction d'une loi de réforme agraire, dont les grandes lignes ont été établies dans sa maison de Tarara, avec la contribution d'un comité restreint mais soigneusement choisi. Le 17 mai, la loi est proclamée par Castro du fin fond de la Sierra Maestra, lieu symbolique : les latifundia (grandes propriétés rurales) sont supprimés, au détriment des intérêts nords-américains.

Cuba, 1959

Le 2 juin, Ernesto Guevara de La Serna, 31 ans, épouse civilement Aleida March, 25 ans. Le Che a demandé à son garde du corps Alberto Castellanos la permission de fêter son mariage dans sa maison.

Voyages, 1959

En juin, Castro donne au Che ses premiè[res] fonctions politiques officielles en le nomm[ant] ambassadeur plénipotentiaire, chargé d'établir [des] alliances diplomatiques et des échanges éco[no]miques (vente de sucre et achat d'armes) a[vec] divers pays socialistes ou non-alignés. Un Arge[ntin] – certes « citoyen cubain de naissance » – p[eut-il] représenter Cuba à l'étranger ? Par son aisance[,] [sa] prestance et sa légende naissante, le Che appa[raît] à Castro comme le meilleur des porte-paroles [de] son pays à travers la planète. Plus tard, en envoy[ant] le Che en mission de par le monde, il éloigne[ra du] même coup de la scène cubaine l'élémen[t le] plus intransigeant, celui que l'on soupçonne [de] sympathies communistes, qui se montre volont[iers] cassant et ironique quand la discussion pr[end] un tour qui ne lui plaît pas. Au demeurant, Ca[stro] a-t-il dans son entourage, à part lui-mê[me,] une personnalité capable de représenter hon[ora]blement la révolution cubaine à l'étranger ?

Pendant trois mois, durée de sa première miss[ion] hors de Cuba, l'ambassadeur itinérant de Castr[o va] évoluer, à la tête d'une délégation de cinq memb[res,] dans les palais présidentiels et les réceptions o[ffi]cielles, en arborant son treillis vert olive et son b[éret] noir étoilé. Il va donner des conférences de pres[se,] s'entretenir avec des chefs d'État et des lead[ers] politiques, et visiter d'innombrables usines[. Il] décolle de La Havane le 12 juin. Il est marié dep[uis] dix jours, mais Aleida ne l'accompagne que jusc[u'à] l'aéroport. Après une escale à Madrid, la délégat[ion] cubaine atterrit en Égypte – ou plutôt [en] République arabe unie – où elle séjourne du 15 [au] 30 juin. Au Caire, le Che est accueilli chaleureu[se]ment par Nasser, le président qui a nationalis[é le] canal de Suez. Nasser lui remet le Grand Ordre [de] la République et lui fait visiter les pyramides[, le] canal de Suez, les premiers travaux du barr[age] d'Assouan, un sous-marin acheté aux Soviétiqu[es,] les villes de Damas et d'Alexandrie.

La délégation cubaine se rend ensuite en In[de] (1er-14 juillet) : le Che est reçu à New Delhi pa[r le] Premier ministre Jawarlabal Nehru, qui lui parle [de] non-violence et l'invite à un banquet fastueux, o[ù le] visiteur est assis entre son hôte et sa fille Ind[ira.] Visite de Calcutta, d'Agra, de Lucknow, d'une us[ine] de montage d'avions à Bombay, d'un inst[itut] nucléaire, d'une fabrique de machines à coudre, [de] la mosquée de Jama Masjid où Gandhi a [été] incinéré, de la tombe de ce dernier, sur laquelle [le] Che dépose une gerbe.

Voyages, 1959

Voyages, 1959

Puis c'est le Japon (15-26 juillet) : séjour à Tokyo (visite des entrepris[es] Hitashi et Toyota), Yokohama (visite d'une usine de verre), Hiroshima [et] Nagasaki. En Indonésie (29 juillet-4 août), visite de Bali, des temples [de] Borobudur, rencontre du président Achmed Sukarno à Djakarta. Après [un] séjour à Ceylan et au Pakistan (5-11 août) et des étapes au Caire e[t à] Athènes, la délégation se rend en Yougoslavie (12-20 août), prem[ier] pays socialiste du voyage. Le Che est reçu par Tito dans sa résidence [de] l'île de Brioni, sur l'Adriatique. Si Tito ne donne pas suite à sa deman[de] d'achat d'armes, le Che découvre dans ce pays le principe des journ[ées] de travail volontaire et bénévole. La tournée se poursuit par le Sou[dan] (21-24 août), avec des escales à Rome (visite de la chapelle Sixtine) [et] à Madrid (escapade pour voir Tolède). Court séjour au Maroc (29 aoû[t-2] septembre), longue escale technique à Madrid, et arrivée à La Havane [le] 8 septembre.

Voyages, 1959

Cuba, 1959

En juillet, au président démissionnaire Urru[tia] emporté par la polémique sur la réforme agra[ire] succède Osvaldo Dorticos, qui a été proche [des] communistes. Mais le pouvoir véritable reste da[ns] les mains de Castro, comme nul ne l'ignore [à] Cuba et à l'étranger.
Le 8 octobre, le Che est nommé chef du dépar[te]ment industriel de l'Institut national de la réfor[me] agraire (INRA). Il s'agit d'un poste de responsa[bi]lité, d'autant que l'application de la réforme agr[ai]re va accroître les besoins en équipements. Cas[tro] a jugé que l'expérience du Che, qui a étudié [les] systèmes industriels dans sa récente tour[née] étrangère, en fait l'homme de la situation. [Sa] principale tâche va être de gérer l'activité d'[un] ensemble d'industries nationalisées. En pratiq[ue,] le Che se retrouve à la tête de l'économie cubai[ne.] Il est à présent le numéro 2 du régime. La pres[se] américaine, hostile, ne va pas s'y tromper.

Cuba, 1959

octobre, le commandant Hubert Matos, chef militaire [de] la province de Camaguey, démissionne, avec d'autres [off]iciers, pour dénoncer l'infiltration communiste dans [l'ap]pareil politique et dans l'armée. Castro, craignant [un] complot, envoie aussitôt Cienfuegos à Camaguey pour [arr]êter les dissidents. Mais Cienfuegos se laisse convaincre [pa]r Matos, qui téléphone à Castro qu'il n'y a aucune félonie [der]rière la démarche de Matos. Épilogue : Matos va en [pri]son pour vingt ans et Cienfuegos meurt dans un accident [d'a]vion. Le Che participe activement aux opérations de [re]cherche.

[Au] bout de quinze jours, l'avion de Cienfuegos est porté [dis]paru. « Kmilo 100fuegos », comme il signait lui-même, [el] señor de la vanguardia, comme le surnommait le Che qui [ac]ceptait ses brocards gouailleurs, était l'homme le plus [po]pulaire de la Révolution. Lors des manifestations, la foule [cu]baine le reconnaissait aisément par son célèbre chapeau [de] cow-boy et sa longue barbe noire. Il était apparu [po]ur la dernière fois en public, au balcon présidentiel, le [26] octobre. Une amitié fraternelle et complice, née dans la [Si]erra Maestra, liait Cienfuegos et le Che, qui dédiera à ce [co]mpagnon disparu le livre qu'il publiera en juillet 1960 sur [so]n expérience — et ses projets — de guérillero, *La Guerra [de] guerillas : un metodo*.

[Le] 23 novembre 1959, le Che accomplit sa première journée [de] « travail volontaire » sur le chantier de construction de la [cit]é scolaire Camilo Cienfuegos au Caney de la Mercedes, [da]ns la région de Santiago du Cuba. Des vétérans de sa [co]lonne y travailleront au cours des mois suivants.

Cuba, 1959

De septembre à novembre 1959, le chef du département industriel de l'INRA effectue de nombreux déplacements en province. Le 26 novembre, Ca[stro] le nomme président de la Banque nationale — à la grande indignation de l'ambassadeur des États-Unis, qui proteste auprès du président Dorticos. [Les] couloirs de la Banque nationale se remplissent de guérilleros armés de mitraillettes. Le Che instaure une ambiance de travail fébrile et nocturne. Lui-mê[me] donne souvent ses rendez-vous au-delà de minuit. Les manières décontractées et l'allure du nouveau président de la Banque — treillis, pistolet au côt[é,] bottes de parachutiste — déconcertent les financiers étrangers de passage à Cuba. L'Américain I.F. Stone, qui lui rend visite dans son bureau, notera : « A[vec] sa barbe frisée et rousse, on aurait dit un croisement entre un faune et un Jésus-Christ de carte postale dans une école dominicaine [...]. Ce qui me fi[t le] plus d'effet, c'est qu'en aucune manière il ne paraissait ni corrompu ni intoxiqué par le pouvoir qui lui était tombé entre les mains d'un coup. »

Cuba, 1959

Le 29 décembre, le Che assiste à Santa-Clara, en compagnie de sa femme et de son amie Chela Pontaja, aux cérémonies célébrant la libération de la ville. Le même jour, le recteur Mariano Rodriguez Solveira lui remet la toge de docteur *honoris causa* en pédagogie de l'Université centrale de Santa-Clara. Dans son discours de remerciement, le Che appelle l'Université à « se peindre en noir, en mulâtre, non seulement du côté des élèves mais aussi des professeurs, se peindre en ouvrier et en paysan, se peindre en peuple ».

Cuba, 1960

1960, « année de la réforme agraire ». Du 5 au 13 février, Castro et le Che accueillent la première délégation d'URSS, dirigée par Anastase Mikoyan, vice-président du Soviet suprême, et dépêchée à Cuba, sous le prétexte d'une exposition soviétique scientifique et culturelle, par Nikita Khrouchtchev. Le Che participe à la négociation d'un accord commercial et au rétablissement des relations diplomatiques entre les deux pays. Ce traité de coopération – première étape sur le chemin de l'indépendance économique de Cuba vis-à-vis des États-Unis (il causera un grand déplaisir au gouvernement de Dwight Eisenhower) – porte sur la vente de sucre, sur l'achat d'armes et sur une assistance technique.

Dans le jardin de la maison mise à sa disposition à La Havane pour la durée de son séjour, Mikoyan accueille Castro et le Che (qui le prend en photographie). Le président de la Banque nationale reçoit un atlas de Cuba en russe des mains du chef de la délégation d'URSS. Légitime hommage : il est à cette époque une des personnalités les plus prosoviétiques parmi les dirigeants de Cuba. Son jugement changera du tout au tout quelques années plus tard.

Cuba, 1960

Cuba, 1960

Le 4 mars 1960, le cargo français *La Coubre*, qui transporte un chargement d'armes en provenance de Belgique, explose dans la rade du port de La Havane, faisant 75 morts et près de 200 blessés. Le Che participe aux opérations de sauvetage des victimes des deux explosions successives, mais interdit à un photographe de *Verde olivo* de le prendre en photographie dans ce contexte.

Le lendemain, il est, avec les autres dirigeants cubains, en tête de la procession qui défile dans les rues en hommage aux victimes que l'on enterre au cimetière Colon. À ses côtés, on reconnaît, de gauche à droite, Fidel Castro, le président Dorticos, les ministres Augusto Martinez Sanchez et Antonio Nunez Jimenez, l'Américain William Morgan, l'Espagnol Eloy Guttierez Menoyo.

Cuba, 1960

Lors du meeting de protestation organisé près du cimetière Colon, Castro désigne clairement la CIA comme auteur de l'attentat et lance un mot d'ordre appelé à la célébrité : *Patria o muette ! Venceremos !* Jean-Paul Sartre et Simone de Beauvoir, depuis quelques jours invités officiels du gouvernement cubain, sont à la tribune officielle. Pendant qu'Alberto Diaz Guttierez (dit Korda), photographe du journal *Revolucion*, mitraille avec son Leica les orateurs et les personnalités présentes, il aperçoit le Che, qui ne s'était pas montré jusqu'alors, s'approcher un instant de la balustrade pour contempler la foule. Frappé par son expression de haine contenue, il appuie par réflexe sur son appareil. Il est, à ce moment, à une dizaine de mètres de la tribune. Le temps de prendre un autre cliché en contre-plongée, le président de la Banque nationale a disparu et ne se montrera plus.

Aucune de ces deux photos n'est retenue sur l'instant par la rédaction de *Revolucion*. En juin 1967, alors que le Che a disparu de Cuba pour une destination gardée secrète, l'éditeur italien Feltrinelli, proche des milieux révolutionnaires cubains, emprunte à Korda un tirage de sa photographie de 1960. Quand la mort du Che est rendue publique, il en tire une affiche qui est un portrait un peu transposé du guérillero. L'image devint une des plus répandues sur la planète au cours des décennies suivantes. Elle avait cependant été largement diffusée à Cuba du vivant du modèle.

Des deux photographies prises par Korda durant le meeting du 5 mars 1960, c'est l'horizontale qui a été surtout utilisée, après avoir été recadrée : ont été coupés les feuilles du palmier sur la droite et le personnage qui se profile sur la gauche — et qui n'a jamais été identifié.

Sartre et sa compagne rendent visite au Che dans son bureau de la Banque nationale. Nunez Jimenez assiste à l'entretien, qui se fait en français. Au cours de son séjour au Guatemala, Guevara avait assisté, avec Hilda Gadea, à une représentation de *La Putain respectueuse*. Sartre est un peu ébaubi par la dégaine et le mode de vie du directeur de la Banque nationale, qui le reçoit en pleine nuit. « On dirait que le sommeil les avait abandonnés, qu'il avait, lui aussi, émigré à Miami », écrira-t-il à son retour sur les révolutionnaires au pouvoir à Cuba.

Cuba, 1960

Le président de la Banque nationale a signé « Che » les billets nouvellement tirés. En mars, il visite des mines de cuivre dans l'est de Cuba. Le 1er mai, il prononce un discours à la Journée des travailleurs de Santiago de Cuba.

Cuba, 1960

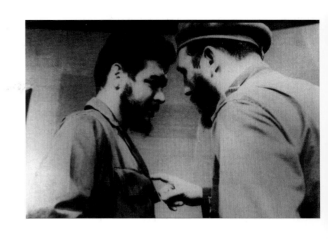

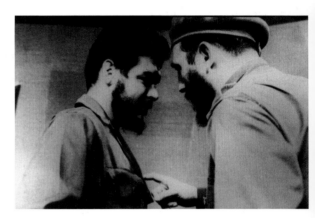

Cuba, 1960

Le 16 mai, au club nautique Barlovento, à Havane, se tient le premier tournoi de pê Hemingway, patronné par l'écrivain, résid de l'île. Le Che et sa mère — revenue à C (sans son époux) pour voir son fils — s conviés sur le hors-bord de Castro, vainqu du tournoi de pêche au gros, comme il se d

Cuba, 1960

Sur le tournage du film de Tomas Gutiérez Alea, *Histoires de la Révolution*.

Cuba, 1960

En mai, les raffineries pétrolières américaines implantées à Cuba refusent la proposition du Che de raffiner dans l'île le pétrole brut importé d'URSS. Castro les nationalise le mois suivant. En retour, le gouvernement d'Eisenhower interrompt l'achat du sucre cubain pour l'année en cours. Le 9 juillet, l'URSS fait savoir qu'elle achètera désormais le sucre de Cuba. Le lendemain, le Che prend la parole à la place de Castro malade devant la foule de La Havane. Il remercie l'URSS avec enthousiasme et lâche cette phrase : « Cuba est aujourd'hui une île glorieuse au centre des Caraïbes, défendue par les fusées de la plus grande puissance militaire de l'Histoire. »

Le 28 juillet, le Che prononce le discours d'ouverture du Premier Congrès latino-américain de la jeunesse. Pour la première fois, il parle de « révolution marxiste » et exhorte les autres pays d'Amérique latine à se débarrasser de leurs dictateurs inféodés aux États-Unis. Il revient sur l'importance du soutien de l'URSS et termine sur un « ¡¡ Cuba, si ! Yankis, no !! » appelé à une certaine fortune.

La couverture du *Time* du 8 août est un portrait du Che, représenté en gros plan entre Khrouchtchev et Mao. Commentaire du chroniqueur, Henry Luce : « Fidel est le cœur et l'âme de la Cuba actuelle. Raoul Castro en est le poing fermé sur la dague de la révolution. Guevara en est le cerveau. C'est lui qui est le responsable essentiel du tournant à gauche pris par Cuba. [...] C'est l'élément le plus fascinant et le plus dangereux du triumvirat. Arborant un sourire de douce mélancolie, que beaucoup de femmes trouvent irrésistible, le Che dirige Cuba de manière imperturbable, avec une haute compétence, beaucoup d'intelligence et un grand sens de l'humour. »

Le 22 août, Castro et le Che passent en revue le défilé de la milice paysanne à San Julian. Le même mois, ils travaillent ensemble durant trois jours sur un projet, rendu effectif peu après, de nationalisation des plus importantes compagnies américaines sur le territoire de Cuba : compagnies de téléphone, d'électricité, plantations de sucre et de tabac. Conséquence : en octobre, les États-Unis durcissent encore l'embargo sur les exportations à destination de Cuba — et Castro nationalise les dernières entreprises américaines de l'île.

Le 2 septembre suivant, le Che assiste au rassemblement qui adopte la « Première Déclaration de La Havane ». Le 28 septembre, il participe à celui au cours duquel les comités de défense de la Révolution sont créés. Le 7 octobre, il signe des accords avec le vice-ministre bulgare du commerce extérieur. Le même mois, à l'occasion d'un discours télévisé, il annonce qu'il vient de quitter ses fonctions à la tête de la Banque nationale. Il redevient ambassadeur itinérant de Cuba.

Voyages, 1960

Cette nouvelle tournée internationale, qui va durer deux mois, est une succession de voyages officiels dans des pays socialistes pour tenter de trouver de nouveaux débouchés économiques : en Tchécoslovaquie (22-29 octobre), rencontre du président Novodny à Prague et visite d'une usine de tracteurs ; en URSS (29 octobre-16 novembre), négociation d'accords commerciaux (du sucre contre du pétrole), défilé de l'anniversaire de la Révolution d'octobre sur la Place Rouge, visite du musée Lénine, spectacles au Bolchoï, rencontre avec le cosmonaute Youri Gagarine, séjour à Leningrad et à Stalingrad.

Voyages, 1960

Voyages, 1960

En Chine (16 novembre-1er décembre), signature d'accords avec le vice-Premier ministre Li Hsien-Nien, discussions politiques avec Chou-En-Lai et Lin-Piao, visite de la Cité interdite et présentation à Mao-Tsé-Toung (la rencontre avec le Grand Timonier est marquée par une crise d'asthme du Che si forte qu'il tombe évanoui devant son hôte) ; en Corée du Nord (1er-7 décembre), rencontre de Kim Il Sung, visite de Pyongyang et signature d'un accord de coopération. Ce sont ensuite la RDA et la Hongrie (accords commerciaux pour la production cubaine) ; nouveau séjour à Moscou (7-22 décembre), avec signature d'un accord pour l'achat de près de trois millions de tonnes de sucre cubain.

À son retour à La Havane, le Che fait connaissance avec sa fille, Aleida Guevara March, née le 24 novembre. Son père était ce jour-là à Shanghai.

Voyages, 1960

Cuba, 1960

[Dè]s la fin de 1959, le Che passe de nombreux [di]manches au « travail volontaire ». Il participe [ain]si à la construction du quartier José-Marti à [Ra]ncho Boyeras, dans les environs de La [Ha]vane ; au déchargement de la cargaison du [ba]teau polonais *Piast* et du bateau belge *Louis-[Lh]eid* aux docks de La Havane (avec l'aide du [so]viétique Nikolai Dolotov et d'Alberto Mora, [mi]nistre cubain du commerce extérieur) ; à la *[za]fra* (récolte annuelle de la canne à sucre) à [Sa]ntiago de Cuba, avec l'aide occasionnelle [d'](Alberto Granado, venu à Cuba se mettre à la [di]sposition de la révolution (il passera dans l'île [le] reste de sa vie).

Cuba, 1961

Cuba, 1961

Cuba, 1961

Cuba, 1961

Cuba, 1961

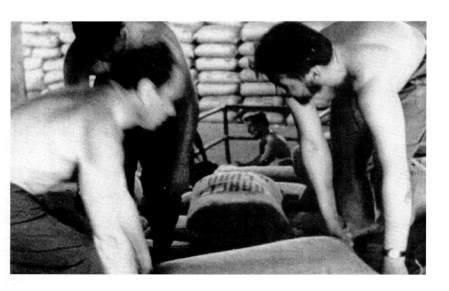
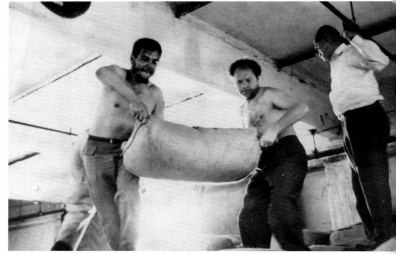

1961, « année de l'éducation ». Le 21 février, Castro transforme le département industriel de l'INRA en un ministère de l'Industrie à part entière et nomme le Che à sa tête. Le nouveau ministre prend ses fonctions quelques jours plus tard en présence du président Dorticos. Deux heures après la cérémonie, un individu tire sur un capitaine de l'armée cubaine et le tue. L'attentat a eu lieu près de la maison occupée par le Che et sa famille dans le quartier Miramar. Arrêté, l'assassin atteste avoir voulu tuer Che Guevara « parce que c'est un communiste ».

Cuba, 1961

Avec pour projet d'assurer l'indépendance économique de Cuba en industrialisant tous azimuts, le ministère du Che va rapidement nationaliser des centaines d'entreprises et centraliser leur gestion. Fidèle à sa réputation, le ministre manifeste un refus presque obsessionnel de tout privilège et n'hésite pas à dénoncer les malversations et les insuffisances qu'il relève dans son secteur.

Cuba, 1961

Cuba, 1961

Cuba, 1961

inaugure ou inspecte un grand nombre d'usines : ateliers de textile, fabrique de rayons, usine métallurgique « Patrice Lumumba » à Pinar del Rio, fabrique de biscuits, usine d'affinage de nickel à Nicaro, fabrique de chocolat à Baracoa, mines de Matambre (avec descente dans le puits), etc.

Cuba, 1961

Cuba, 1961

Cuba, 1961

Cuba, 1961

Cuba, 1961

Le 8 mars 1961, le Che accueille une délégation chinoise à La Havane. Il en viendra d'autres au cours des années suivantes. L'une d'elles participera au travail volontaire sous la houlette du Che. Le 11 août 1964, le Che signera un protocole de coopération officielle entre Cuba et la Chine.

Cuba, 1961

Le 3 janvier 1961, le président Eisenhower a rompu les relations diplomatiques avec Cuba. Kennedy lui succède moins de trois semaines plus tard. Au matin du 15 avril, douze bombardiers pilotés par des Cubains hispano-américains pilonnent trois bases aériennes de l'île. Le Che assiste le lendemain à la cérémonie d'enterrement des victimes de ces attaques aériennes, au cours de laquelle Castro dénonce les États-Unis comme auteur de l'agression. Dans la nuit du 17 avril, un corps expéditionnaire de 1500 mercenaires anti-castristes débarque dans les marais de Playa

Giron, dans la Baie des cochons, sur la côte méridionale de Cuba. Les assaillants sont des Cubains exilés qui ont été entraînés et équipés par la CIA. Informé par son réseau à l'étranger, Castro, qui s'attendait à un débarquement armé imminent, vient de mettre le pays sur le pied de guerre. La tentative d'invasion de l'île pour renverser Castro, préparée par le gouvernement Eisenhower mais pour laquelle Kennedy avait donné son feu vert, finit en débandade. Ce fiasco est un échec personnel pour le nouveau président des États-Unis. La population cubaine ayant fait bloc derrière son leader, le régime castriste en sort renforcé.

Le Che, auquel a été attribué le commandement militaire de la province de Pinar del Rio, n'a pas eu à participer au combat (mais, dans l'agitation, il s'est blessé à la joue en laissant tomber son revolver). Les historiens ont cependant souligné qu'un des éléments décisifs de la victoire de Castro avait été de pouvoir s'appuyer sur les deux cent mille miliciens dont l'entraînement avait été assuré par le Che, en sa qualité de commandant du département chargé de l'instruction des forces armées révolutionnaires.

Le 25 avril, Kennedy décrète un embargo total sur Cuba (toujours en vigueur quarante ans après). Le 30, le Che expose devant les caméras de la télévision cubaine la situation économique du pays et les difficultés qui se présentent. Le 1er mai, il participe, aux côtés de Castro et du président Dorticos, aux cérémonies de la fête du Travail. Dix jours après la victoire de la Baie des cochons, la liesse populaire est grande.

Cuba, 1961

Du 24 au 26 mai, le Che visite l'extrême est de l'île avec Raoul Castro. Le 1er juin, il inaugure à Casablanca de Cuba l'usine électrique Frank País (du nom d'un des militants du M26-7 tué par la police de Batista). Le même jour, il cosigne à La Havane une convention d'assistance technique entre Cuba et l'Union soviétique. Selon cet accord, l'URSS accorde à Cuba un crédit de 100 millions de dollars. Gagarine, qui est depuis quelques mois le premier cosmonaute envoyé dans l'espace, vient à La Havane assister à la fête du 26 juillet. Le Che est venu l'accueillir à l'aéroport l'avant-veille.

Cuba, 1961

Uruguay, 1961

Du 2 au 17 août, le Che est en Uruguay, où il représente Cuba à la Conférence économique et sociale interaméricaine qui s'ouvre le 5 août à Punta del Este, station balnéaire réputée du Rio de la Plata. Les ministres de l'Économie de toute l'Amérique latine y assistent. Une photographie le montre à l'aéroport de La Havane, le jour du départ, entre Castro et Nunez Jimenez. À sa descente d'avion à Montevideo, il est accueilli par une foule de sympathisants et par sa famille venue de Buenos Aires (son père, sa sœur Ana Maria, sa tante Beatriz). Le président de l'Uruguay, Victor Haedo (casquette blanche sur la photo) le reçoit dans le jardin de sa résidence d'été de Punta del Este.

Uruguay, 1961

Le 7 août, en cours de conférence, un message de Kennedy est lu par le secrétaire au Trésor, Douglas Dillon, et applaudi par toute l'assemblée à l'exception de la délégation cubaine : le président américain propose la création d'une « Alliance pour le progrès », organisation d'aide économique soutenue par les États-Unis pour permettre aux pays d'Amérique du sud de développer leur économie et de sortir du sous-développement. Le lendemain, le Che profère un discours de plus de deux heures, d'un anti-impérialisme intraitable, dans lequel il prédit l'échec de cette « Alliance pour le progrès » qui inclut tous les pays d'Amérique latine sauf Cuba.
À la fin de son intervention, un groupe de manifestants cubains anti-castristes vient protester contre cette réponse avant d'être évacué par le service d'ordre.

Le 18 août, le Che se rend en avion à Buenos Aires pour rencontrer Arturo Frondizi, président de l'Argentine, qui tient à s'entretenir avec lui (mal lui en prend : le discrédit que lui vaut cette rencontre est à l'origine du coup d'État qui va le renverser un an plus tard). C'est la dernière fois que Guevara met le pied sur son pays natal.
Le lendemain, sur le chemin de retour vers Cuba, il fait une escale à Brasilia pour s'entretenir avec le présent du Brésil, Janio Quadros, qui l'accole et le fait chevalier du Grand Ordre du Cruzeiro do Sur devant les caméras de télévision — et se trouve quatre jours plus tard contraint de démissionner par les militaires qui ont peu apprécié cette manifestation de sympathie envers un chef guérillero.
La délégation cubaine qui avait accompagné le Che à Punta del Este et qui rentrait directement à Cuba disparaît dans un accident d'avion lors du vol de retour.

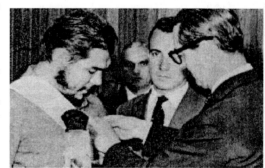

Cuba, 1961

Du maté argentin au cigare cubain, ou com‑
ment, malgré l'asthme, contribuer à
transformation du havane des magnats
capitalisme en symbole de la révolution ca
triste.

ba, 1961

Cuba, 1961

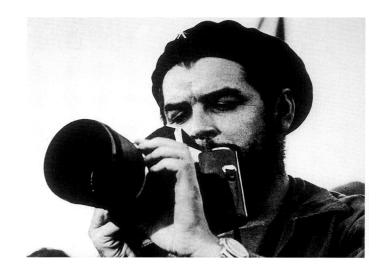

ba, 1961

Cuba, 1961

Clôture de l'« année de l'alphabétisation ».

Cuba, 1962

14 avril 1962 (« année de la planification »), discours de clôture du Congrès national de la Centrale des travailleurs de Cuba.

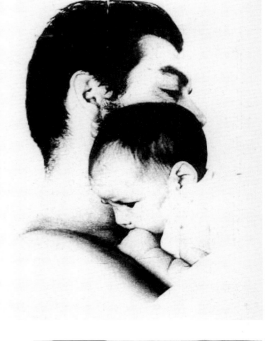

Le 20 mai, naissance de Camilo Guevara March. Son prénom a été choisi en hommage à feu Cienfuegos.

Cuba, 1962

Cuba, 1962

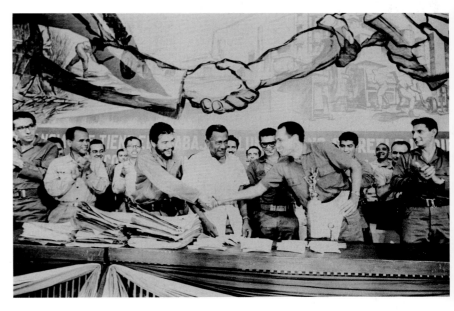

Cuba, 1962

Août 1962. Partie de golf au club de Collinas de Villareal, près de La Hava avec Castro et Nunez Jimenez. Dans enfance, le Che avait pratiqué le golf a ses copains d'Alta Gracia ou de Cordo Il gagne la partie.

Cuba, 1962

Voyages, 1962

Après la tentative américaine d'invasion de Cuba, Khrouchtchev a nom[mé] Alexander Alexeiev ambassadeur à La Havane. Par son intermédiaire, il propo[se] à Castro l'installation de missiles nucléaires sur son île. Castro donne s[on] accord, après en avoir conféré avec son frère, Dorticos et le Che : les États-U[nis] hésiteront à deux fois avant de lancer un nouveau corps expéditionnaire sur [un] pays équipé de telles armes.

Du 27 août au 5 septembre, le Che effectue un déplacement officiel [en] Tchécoslovaquie (avec visite d'une foire industrielle à Brno) et en URSS, où il é[ta]blit de nouveaux accords économiques. Mais le voyage a un autre motif, ga[rdé] confidentiel : le Che est surtout venu à Moscou pour préparer l'installation d[es] missiles soviétiques à Cuba. En compagnie du commandant Emilio Aragones, [un] ancien du M26-7, il se rend à la datcha de Khrouchtchev, en Crimée, et y sig[ne] le 31 août l'accord militaire, qui reste secret, sur les missiles.

Cuba, 1962

Le 16 octobre, Ahmed Ben Bella, chef de l'Algérie nouvellement indépendante, se rend à Cuba après avoir rencontré Kennedy à Washington.
Le 20 octobre, le Che prend la parole au deuxième anniversaire de l'Union de la jeunesse communiste.
Du 22 au 28 octobre a lieu la célèbre « crise des missiles ». En prenant des photographies aériennes, des avions espions américains apportent la preuve de la présence de rampes de lancement de missiles : apprenant que des ogives nucléaires soviétiques sont installées à moins de deux cents kilomètres de la Floride et pointées en direction des États-Unis, Kennedy lance le 24 octobre un ultimatum à l'URSS. Le 27, un avion espion américain est abattu par un missile. Les États-Unis installent un barrage naval destiné à intercepter les convois maritimes russes trans-

portant des fusées à Cuba. La possibilité d'une Troisième Guerre mondiale inquiète alors la planète, d'autant que Castro, qui s'attend à une seconde tentative d'invasion par les États-Unis, prépare la population cubaine à la guerre, décrétant l'état d'alerte et lançant le 22 octobre un ordre de mobilisation. Comme au moment du débarquement de la Baie des Cochons, le Che est chargé de coordonner la défense de la province de Pinar del Rio : c'est là qu'ont été installées la plupart des bases de lancement des fusées. Il installe son état-major dans la grotte de Los Portales. Kennedy parvient à convaincre Khrouchtchev de supprimer les bases cubaines et d'autoriser une inspection de l'ONU sur le territoire de Cuba. Khrouchtchev accepte sous réserve que Cuba ne soit plus attaquée. Les bateaux soviétiques qui apportent les fusées rebroussent chemin et les bases sont démantelées. Dans l'affaire, Castro se montre outré de n'avoir pas été consulté. Quant au Che, de ce jour il commence à prendre de la distance avec le bloc soviétique, auquel il ne pardonnera jamais le coup fourré d'octobre 1962.

Cuba, 1963

En janvier 1963, « année de l'organisation », dans son bureau du ministère de l'Industrie, le Che accorde deux heures d'entretien à La[ura] Bergquist, journaliste américaine envoyée par *Look Magazine.* Une int[er]view nocturne — 2 h 30 du matin — et assez tendue, sur la base [de] questions incisives et provocatrices de la journaliste yankee et [de] réponses tranchées et ironiques du « citoyen cubain de naissance » :

- N'êtes-vous pas en train de troquer la domination américa[ine] pour la domination soviétique ?
- Il est naïf de penser que des hommes qui sont engagés da[ns] une révolution libératrice comme la nôtre sont prêts aujourd'[hui] à s'agenouiller devant un maître. Si l'URSS avait exigé u[ne] dépendance politique comme condition à son aide, nous [ne] l'aurions jamais acceptée.

Pendant cet entretien, le photographe René Burri, de l'agence Magnu[m,] prend une série de clichés du Che, qu'il retrouve peu après, à l'H[ôtel] Riviera de La Havane, remettant des diplômes de travailleur exemplai[re]

Cuba, 1963

Cuba, 1963

Cuba, 1963

Du 3 au 12 février, dans une cannaie de Camaguey, le ministre de l'Industrie de Cuba travaille à la *zafra*. On le voit conduisant ou réparant l'*Alzadora*, une des premières machines à moissonner la canne, mises au point sous son impulsion par des ingénieurs cubains et soviétiques.
En peu d'années, la corpulence et la physionomie du Che ont connu un certain changement. La cortisone prise pour combattre son asthme n'y est sans doute pas étrangère.

Cuba, 1963

Cuba, 1963

Cuba, 1963

Le jeu des échecs, pratiqué dès l'enfance, a été une des passions du Che. Au cours de sa première année de médecine, il avait représenté sa Faculté à un concours inter-universitaire. Durant un séjour estival de la famille Guevara à Mar del Plata, il avait participé à un match que le champion argentin Miguel Najdorf avait disputé avec quinze adversaires simultanément. À Cuba, il invitera le même Najdorf à un tournoi contre neuf joueurs et sera l'un des neuf. Il organisera également au ministère de l'Industrie un tournoi simultané avec le champion russe Victor Korchnoï.

Cuba, 1963

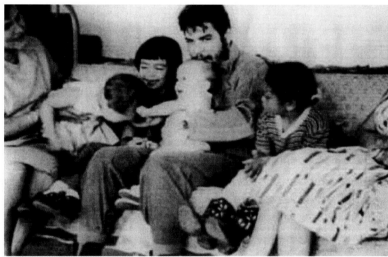

Le 20 mai, quelques bouteilles de Coca ont été disposées pour fêter le premier anniversaire de Camilo Guevara March.
Le 14 juin, jour du trente-cinquième anniversaire du Che, naît sa troisième fille, Célia, prénom de sa grand-mère paternelle.

Algérie, 1963

Du 3 au 23 juillet, séjour en Algéri[e à] l'occasion du premier anniversaire [de] l'Indépendance du pays. En présence [de] Ben Bella et du colonel Boumédien[ne] venus le chercher à l'aéroport et a[vec] lesquels il peut parler français, il ent[end] son nom clamé par des milli[ers] d'Algériens dans le stade de football [où] se joue un match Égypte-Algérie. [Le] 6 juillet, il assiste au défilé du jour an[ni]versaire de l'Indépendance. Dans [la] tribune officielle, il siège aux côtés [de] Ben Bella, de Boumédienne, de Tev[fik] el Madani et du maréchal Abd El Ha[kim] Amer, vice-président de l'Algérie.

Cuba, 1964

Le 11 janvier 1964, « année de l'économie », le Che reçoit un diplôme et une décoration pour les deux cent quarante heures de travail volontaire qu'il a accomplies au cours de l'année 1963.
En janvier, Castro signe un communiqué sur la coexistence pacifique et les accords sucriers commerciaux avec Moscou. Ces derniers replacent l'exportation du sucre au centre de l'activité économique cubaine. Est-ce un désaveu de l'action du Che, qui avait entrepris de diversifier l'économie de Cuba pour assurer son indépendance ? On pourrait le penser, d'autant que la gestion de l'activité sucrière est retirée du ministère du Che en juillet 1964 (pour être, il est vrai, confiée à son plus proche collaborateur, Orlando Borrego). Mais le Che lui-même avait souligné, dans un discours de décembre 1962 aux ouvriers de la zafra, « l'importance vitale du sucre pour notre pays ».

Europe, 1964

Le 17 mars, le Che se rend à Genève à la tête d'une petite délégation cubaine. Il représente Cuba à la première Conférence mondiale des Nations-Unies pour le commerce et le développement, sous le signe des pays sous-développés ou en voie de développement. Cent vingt-trois pays ont envoyé 1500 délégués. Prenant la parole le 25 mars, il ironise sur Lyndon Johnson, le nouveau président américain, et sur l'échec de l'« Alliance du progrès » lancée par son prédécesseur. Il livre aussi sa pensée profonde : « L'unique solution correcte aux problèmes actuels de l'humanité, c'est la suppression absolue de l'exploitation des pays dépendants par les pays capitalistes développés avec toutes conséquences que cela implique. » De tels propos sont assez accueillis par l'assemblée.

Après une virée à l'aiguille du Midi, près de Chamonix, et quelques au escapades dans les Alpes, le Che et ses compagnons cubains rentren pays avec des escales à Paris, Alger et Prague. Les 14 et 15 avril, le séjourne dans la capitale française pour la première fois de sa vie. Le du premier jour, au Théâtre des Nations, il assiste à une représenta des Ballets cubains en tournée.

Europe, 1964

Cuba, 1964

Défilé du 1er mai sur la Place la Révolution à La Havane, meeting à Santiago de Cuba 26 juillet 1964.

Cuba, 1964

Partie de base-ball à Santa Maria del Mar, avec Raoul Castro (9 août 1964).

New York, 1964

Du 4 au 8 novembre, nouvelle mission diplomatique en URSS, au cours de laquelle le Che assiste pour la seconde fois au défilé commémorant la Révolution d'octobre. Depuis son dernier séjour à Moscou, Khrouchtchev a été remplacé en octobre par Léonid Brejnev. Le changement a eu lieu en octobre.
Le Che est à peine revenu à Cuba que Castro lui fait reprendre son rôle d'ambassadeur itinérant (une manière comme une autre de l'éloigner quelque temps pour calmer la fronde anti-Che de divers dirigeants cubains bousculés par son radicalisme). C'est le dernier grand voyage que le Che effectue pour le compte de la révolution cubaine. Il va durer trois mois.
Du 9 au 17 décembre, le Che est à New York, siégeant au nom de Cuba à la dix-neuvième session de l'Assemblée générale des Nations-Unies. C'est la seconde fois qu'il met les pieds sur le territoire des États-Unis depuis son séjour forcé de 1952 à Miami. Ce sera la dernière. À son arrivée à New York, un important service de sécurité a été disposé pour celui que la presse américaine désigne comme « the number two man of the Castro Regime ».

New York, 1964

New York, 1964

Le 11 décembre, le Che prend la parole en tenue militaire — il est le seul vêtu ainsi parmi tous les diplomates en civil — et dénonce « l'internationale du crime » de l'impérialisme. Il réclame la levée du blocus des États-Unis contre Cuba, la cessation des activités de subversion et de sabotage orchestrées contre l'île, l'évacuation de la base américaine de Guantanamo, etc… Son discours, plus anticolonialiste que jamais, est lourd de menaces : « Notre exemple portera ses fruits sur le continent. » C'est une des allocutions les plus incendiaires qu'il ait prononcées sur une tribune internationale.

Devant le bâtiment des Nations-Unies, le « Castro's economic czar » est l'objet de manifestations hostiles de la part de Cubains anti-castristes. Pendant qu'il discourait, un obus de bazooka est même tombé à quelques mètres du siège des Nations-Unies, qui s'est trouvé secoué par l'explosion.

Le 13 décembre, fumant son éternel cigare et vêtu de son sempiternel treillis vert olive, il se rend au studio de télévision de Columbia Broadcasting System (CBS) pour passer en direct à l'émission *Face the Nation*. Nouvelles manifestations malveillantes en sortant du studio : protégé par la police américaine (!), le Che adresse aux manifestants un sourire moqueur.

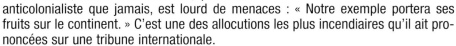

New York, 1964

Algérie et Afrique, 1964–1965

De New York, le Che se rend directement en Algérie, où il reste du 18 au 25 décembre. Longues discussions avec Ben Bella auquel il propose, de la part de Castro, que son pays serve de base pour des révolutionnaires sud-américains formés à Cuba. Puis le Che entreprend une tournée de sept pays africains nouvellement indépendants : il rencontre les leaders des mouvements anti-coloniaux de libération et propose les services de Cuba pour la formation de guérilleros par des instructeurs cubains.

Mali (26-31 décembre) : rencontre du président Keita à Bamako ; ancien Congo français (1er-6 janvier 1965 — « année de l'agriculture ») : entretien à Brazzaville avec le président Massemba-Débat et rencontre du dirigeant de la révolution angolaise Agostinho Neto ; Guinée (7-13 janvier) : rencontre à Conakry du président Sékou Touré et du dirigeant du front de libération de Guinée-Bissau, Amilcar Cabral ; Ghana (14-24 janvier) : entretien avec le président Nkawa Nkrumah et essai de costume local ; Dahomey (25 janvier), où le Che se rend en voiture en traversant le Togo (500 kilomètres aller-retour) : il y rencontre le président Apithy et visite le palais des serpents.

Algérie et Chine, 1965

revient à Alger, fait une escale de deux jours à Paris (28-29 janvier) où le retrouvent
milio Aragonés et Osmany Cienfuegos (frère de Camilo), puis se rend… en Chine, qui
st en plein conflit avec l'URSS. Il arrive le 3 février à Pékin, où l'accueille Deng Siao-
ng, secrétaire général du Parti communiste chinois, auquel il explique la position de
uba dans le conflit sino-soviétique. Mais il ne rencontre pas Mao.
près une nouvelle escale parisienne (visite du musée du Louvre), la tournée africaine
e poursuit par la Tanzanie (atterrissage le 11 février). Entretien à Dar Es-Salaam avec
président Julius Nyerere, lequel donne son feu vert pour que son pays serve de base
rière à une guérilla en terre congolaise. En préparation de sa prochaine guérilla, le
he a également des contacts avec les leaders congolais Gaston Soumaliot et Laurent
ésiré Kabila. Il propose que l'entraînement des guérilleros africains se fasse en terri-
ire congolais et non à Cuba. Proposition acceptée.

Alger, Cuba, 1965

Le 19 février, le Che est au Caire, pour un entretien avec Nasser. Puis s'envole pour Alger, où il doit participer au Second Séminaire de solidarité af[ro-]asiatique organisé par Ben Bella (qui allait être renversé par Boumédienne [en] juin). Le 25 février — jour où naît Ernesto (dit Ernestito) Guevara March, s[on] dernier enfant —, le Che prononce en français un discours resté fame[ux,] considéré aujourd'hui comme la charte du « guévarisme » : il s'en prend av[ec] âpreté aux pays du bloc soviétique pour leur abandon de la politique de souti[en] des peuples qui se battent pour leur libération : « Le développement d[es] pays qui s'engagent sur la voie de la libération doit être payé par les pa[ys] socialistes. [...] Nous croyons que c'est dans cet esprit que doit être prise [la] responsabilité d'aider les pays dépendants et qu'il ne doit plus être question [de] développer un commerce pour le bénéfice mutuel sur la base de prix truqu[és] aux dépens des pays sous-développés par la loi de la valeur et les rappo[rts] internationaux d'échange inégal qu'entraîne cette loi. [...] Nous devo[ns] convenir que les pays socialistes sont, dans une certaine mesure, les complic[es] de l'exploitation impérialiste. [...] Ils ont le devoir moral de liquider le[ur] complicité tacite avec les pays exploiteurs de l'Ouest. »
Les membres des délégations russes et chinoises sont décomposés. À un d[es] traducteurs décontenancé par de tels propos, le Che précise : « Que pagu[en] carajo ! » [qu'ils payent, bordel !]. Dans les milieux communistes et socialist[es] du monde entier, ce réquisitoire contre l'Union soviétique — que le discours [ne] cite pas nommément une seule fois — dans sa politique d'échanges avec [le] Tiers Monde fait l'effet d'une bombe.
Du 2 au 12 mars, le Che repasse par l'Égypte pour entretenir Nasser de s[on] projet : prendre la tête d'une guérilla constituée de volontaires cubains po[ur] soutenir les rebelles congolais qui se réclament du leader anti-impérialis[te] Patrice Lumumba, assassiné en 1961. Nasser tente de le convaincre de reno[n-]cer : « Voulez-vous devenir un nouveau Tarzan ? »

Cuba, 1965

rès une escale à Prague, le Che atterrit à Cuba le 14 mars. Aleida, la peti- Hildita, Castro, Dorticos et d'autres membres du gouvernement sont nus l'attendre à l'aéroport. L'ambiance est un peu tendue. Les photogra- ies des retrouvailles laissent devenir une certaine gêne des protago- stes. Les Soviétiques ont-ils protesté contre le discours d'Alger ? Pas offi- llement, en tout cas, et Castro est tout de même venu accueillir son bassadeur à l'aéroport en présence de la télévision, comme s'il ne sapprouvait pas cette sortie d'Alger qui risquait pourtant de compro- ettre l'entente de Cuba avec les Soviétiques. Sur l'instant, le Che et Castro t une très longue discussion — « quarante heures d'entretien, d'affilée », on un témoin — d'où rien n'a jamais filtré. Dorticos, qui y assista, du ins en partie, s'est suicidé quelques années plus tard sans avoir fait de nfidences à ce sujet.

Le 22 mars, le Che prononce au ministère de l'Industrie une conférence sur sa tournée africaine. C'est sa dernière apparition publique à Cuba. Les jours suivants, il prend congé de ses collaborateurs au ministère, leur donne ses livres avec des dédicaces d'adieu et disparaît. Il a obtenu de Castro les moyens d'organiser une guérilla dans l'ancien Congo belge (futur Zaïre, aujourd'hui République démocratique du Congo) et va prochainement quit- ter Cuba. Il n'a d'ailleurs plus tout à fait sa place dans l'évolution que connaît la révolution cubaine.
Au Mexique, lors de leur rencontre, il avait convenu avec Castro qu'il pour- rait reprendre sa liberté après la victoire sur Batista et continuer la révolu- tion ailleurs. Pourquoi, dès lors, n'est-il pas parti de Cuba en 1960 et est-il resté cinq ans à jouer les directeurs de banque, les ministres et les ambas- sadeurs ?

Cuba, 1965

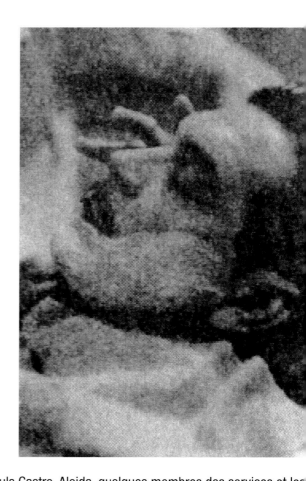

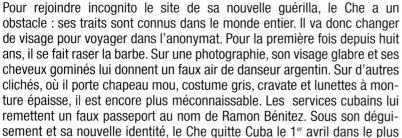

Pour rejoindre incognito le site de sa nouvelle guérilla, le Che a un obstacle : ses traits sont connus dans le monde entier. Il va donc changer de visage pour voyager dans l'anonymat. Pour la première fois depuis huit ans, il se fait raser la barbe. Sur une photographie, son visage glabre et ses cheveux gominés lui donnent un faux air de danseur argentin. Sur d'autres clichés, où il porte chapeau mou, costume gris, cravate et lunettes à monture épaisse, il est encore plus méconnaissable. Les services cubains lui remettent un faux passeport au nom de Ramon Bénitez. Sous son déguisement et sa nouvelle identité, le Che quitte Cuba le 1er avril dans le plus grand secret : seuls Castro, Aleida, quelques membres des services et les volontaires cubains qu'il va retrouver en Afrique sont au courant de sa destination. Le mystère durera vingt ans. Ce n'est que bien après les faits que l'on saura que le Che est parti prendre la tête d'un contingent cubain destiné à former les guérilleros congolais qui doivent combattre l'armée de Mobutu. Castro et lui entreprennent ainsi d'exporter la guérilla cubaine sur la planète et de créer autant de fronts anti-impérialistes. Castro escompte que la pression américaine sur Cuba s'en trouvera atténuée.

Afrique, 1965

Pour brouiller les pistes, le Che et les deux Cubains qui l'accompagnent suivent un parcours compliqué, avec des escales à Moscou, Alger, Le Caire, Nairobi, avant d'arriver en Tanzanie, qu'ils vont traverser pour gagner l'ancien Congo belge. Arrivés le 19 avril à Dar Es-Salaam, ils logent à l'ambassade de Cuba. La présence du Che dans le pays demeure inconnue des autorités tanzaniennes, même du président Nyerere. Lorsqu'un peu plus tard, le Che dévoile son identité au délégué congolais qui accompagne les guérilleros cubains, ce dernier se montre catastrophé par la possibilité d'un « scandale international » : « Que personne ne le sache, personne ne le sache », répète-t-il.

Avant de s'embarquer, les volontaires cubains — une centaine, tous de peau noire, ont reçu un entraînement dans une caserne de Pinar del Rio. Ils arrivent en Tanzanie par petits groupes, et le Che attribue à chacun des pseudonymes à l'aide d'un dictionnaire swahili (lui-même prend le nom de « Tatu »). Le 22 avril, après avoir transporté un bateau par camion depuis Dar Es-Salaam (1300 kilomètres), la petite troupe arrive à Kigoma, village portuaire sur le versant tanzanien du lac Tanganyika. Le surlendemain, le Che et ses Cubains traversent le lac de nuit pour éviter d'être repérés par les soldats de Moïse Tshombé, Premier ministre du Congo après la mort de Lumumba, et débarquent à Kibamba, village sur la rive congolaise du Tanganyika. « Tatu » installe le campement près de ce village. « Nous sommes là pour y rester au moins cinq ans », déclare-t-il à ses hommes. Par la suite, il transférera son campement sur un haut plateau de la région montagneuse du Luluaburg, à cinq kilomètres de Kibamba. L'endroit, situé à près de trois mille mètres, est fréquemment pris par le brouillard.

Afrique, 1965

Aux Congolais qui ne connaissent pas son identité, le Che alias Tatu tente d'enseigner l'art de la guérilla. Très vite, il est désemparé de devoir « enseigner le B A, BA de l'art de la guerre à des gens dont la détermination ne sautait pas aux yeux, c'est le moins qu'on puisse dire ». Peu à peu, il comprend que les volontaires congolais qui l'ont rejoint ne se sont enrôlés dans la guérilla « qu'attirés par l'idée d'avoir un uniforme, une arme, parfois même des chaussures et une certaine autorité sur la région ». Il les trouve paresseux, indisciplinés, peu courageux au feu, superstitieux et dépourvus du moindre sens de la solidarité : « Je me suis adressé à eux, en français, fou de rage ; avec mon pauvre vocabulaire, je leur disais les choses les plus terribles que je pouvais trouver, au comble de la fureur. Et pendant que le traducteur leur assénait ma colère en swahili, ils me regardaient tous, écroulés de rire, avec une ingénuité déconcertante. »

Afrique, 1965

mai. Osmany Cienfuegos arrive au campement à la ⟨têt⟩e d'un renfort de trente-quatre Cubains. Il apprend au ⟨Ch⟩e les bruits extravagants qui courent le monde sur sa ⟨dis⟩parition de Cuba. Son absence aux cérémonies ⟨ma⟩rquant l'anniversaire de la victoire de la Baie des ⟨Co⟩chons (le 17 avril) et aux festivités du 1ᵉʳ mai a été ⟨re⟩marquée. Selon les rumeurs, il serait guérillero au ⟨Vi⟩etnam, enfermé dans un asile de fous au Mexique, hos⟨pit⟩alisé en URSS après avoir pris un médicament anti⟨as⟩thmatique périmé, en fuite de Cuba après avoir fourni ⟨de⟩s renseignements aux États-Unis, tué lors de l'attaque ⟨de⟩ Saint-Domingue par les troupes américaines, empri⟨son⟩né au secret à La Havane, exécuté sur ordre, voire de ⟨la⟩ main de Fidel Castro. Le 20 juin, une agence de pres⟨se⟩ attestera que des « informations venant du Guatemala ⟨in⟩diquent [que le Che] préparerait un mouvement anti⟨ca⟩striste sur Cuba » ! Prêchant le faux pour savoir le vrai ⟨–⟩ qu'elle ignore totalement —, la CIA est à l'origine ⟨d'⟩une bonne partie de ces fables. Le 20 avril, Castro s'est ⟨co⟩ntenté de répondre à des journalistes étrangers qui le ⟨ha⟩rcelaient de questions sur le Che : « Tout ce que je peux dire sur le com⟨m⟩andant Guevara, c'est qu'il sera toujours là où il est le plus utile à la révolu⟨tio⟩n, et que les relations entre lui et moi sont excellentes, comme lorsque nous ⟨no⟩us sommes connus, je peux même dire encore meilleures. » Dans une autre ⟨ci⟩rconstance, Castro fera cette déclaration : « Je n'ai pas le moindre doute : ⟨qu⟩el que soit le pays, quel que soit le front guérillero qui bénéficie de la coopé⟨ra⟩tion du commandant Guevara, on y suivra au pied de la lettre les principes ⟨de⟩ la guerre de guérilla. »

⟨Os⟩many Cienfuegos a apporté au Che une autre nouvelle, des plus tristes : sa ⟨m⟩ère est en train de mourir d'un cancer. Elle s'éteindra à Buenos Aires le 19 ⟨m⟩ai, âgée de 58 ans. Son fils ne l'apprendra que quelques semaines plus tard. ⟨I⟩l lui avait écrit le 14 avril une ultime lettre, qu'il ne reçut jamais.

Afrique, 1965

Dans son campement, le Che ne va pas bien, moralement comme physiquement. Il subit des crises d'asthme déclenchées par l'humidité et contracte un paludisme dès les premières semaines de son séjour, ainsi qu'une gastro-entérite amibienne responsable d'une diarrhée chronique qui le fait maigrir considérablement (il pèsera moins de cinquante kilogrammes à la fin de son séjour au Congo). L'attente interminable qui lui est imposée par les dirigeants de la guérilla congolaise le décourage, mais il essaie de n'en rien laisser paraître aux Cubains qui l'accompagnent. Kabila, qui préfère au terrain des combats les plaisirs des grandes villes étrangères, laisse espérer longtemps sa visite : or le Che ne peut lancer ses guérilleros au combat sans l'accord des chefs de la rébellion. La visite de Kabila aura lieu, courant juillet, mais elle sera brève (cinq jours) et sans suite. Tatu, rongeant sa déception, doit continuer à attendre.

En juin, les guérilleros congolais ont attaqué la caserne de Front de Force, mais le Che n'y participe pas personnellement, n'y ayant pas été autorisé par Kabila. L'assaut a fini en débandade : les Congolais ont pris la fuite en abandonnant leurs armes. En août, à bout de patience après quatre mois d'inaction, le Che se rend près des positions ennemies pour préparer une nouvelle attaque de la caserne.

Afrique, 1965

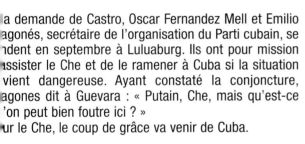

à demande de Castro, Oscar Fernandez Mell et Emilio
agonés, secrétaire de l'organisation du Parti cubain, se
ndent en septembre à Luluaburg. Ils ont pour mission
ssister le Che et de le ramener à Cuba si la situation
vient dangereuse. Ayant constaté la conjoncture,
agones dit à Guevara : « Putain, Che, mais qu'est-ce
'on peut bien foutre ici ? »
ur le Che, le coup de grâce va venir de Cuba.

Cuba, 1965

« De véritables calomnies », dira Castro sur les bruits qui circulaient la disparition du Che : « On parlait de divergences et de bien d'au choses. Nous avons supporté toutes ces intrigues, ces rumeurs, pou pas compromettre sa mission et les hommes avec qui il était parti. C campagne nous nuisait beaucoup, et je n'ai pas eu d'autre choix que rendre publique sa lettre. »

Le 3 octobre, lors du premier congrès du Comité central du nouveau P communiste cubain, Castro présente devant les caméras de télévisio les micros de la radio la composition du comité. Il précise qu'il man un nom, celui du commandant Ernesto Guevara, et commence la lect d'une lettre que lui a remise le Che avant son départ. À la tribune, Ale vêtue de noir, écoute en pleurant :

« Afin d'expliquer tout cela, nous allons lire une lettre du camar Ernesto Guevara :

Fidel,
Je me souviens de beaucoup de choses en ce moment : du jour où j'ai fa connaissance chez Maria Antonia, où tu m'as proposé de venir et de toute la sion des préparatifs, du jour où on nous demanda qui prévenir en cas de dé et où cette possibilité nous est soudain apparue comme une réalité possible. la suite, nous avons appris que cela était vrai et que, dans une révolution, si est authentique, on triomphe ou on meurt. De nombreux camarades sont tor sur le chemin de la victoire.
Aujourd'hui, tout prend un tour moins dramatique parce que nous sommes mûrs, mais l'histoire se répète. J'ai le sentiment d'avoir accompli la par devoir qui me liait à la Révolution cubaine sur son territoire, et je prends co de toi, de nos compagnons, et de ton peuple qui est devenu le mien.
Je démissionne formellement de mes fonctions à la direction du Parti, de poste de ministre ; je renonce à mon grade de commandant et à ma nation cubaine. Plus rien de légal ne me rattache aujourd'hui à Cuba, seulement liens d'une autre nature qui, contrairement aux postes officiels, ne peuvent cassés.
Si je regarde derrière moi, je crois pouvoir dire que j'ai travaillé avec honné et constance à la consolidation de la révolution. Si j'ai commis une faute quelque gravité, c'est de ne pas avoir eu plus confiance en toi dès les prem temps dans la Sierra Maestra et de ne pas avoir su discerner plus tôt tes q tés de dirigeant et de révolutionnaire.

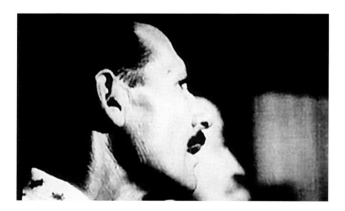

Cuba, 1965

‹ai vécu des jours magnifiques et j'ai ressenti à tes côtés la fierté d'appartenir ‹notre peuple durant les jours lumineux et tristes de la crise des missiles. ‹rement un homme d'État aura autant brillé en la circonstance, et je me félici- ‹ aussi de t'avoir suivi sans hésiter, de m'être identifié à ta façon de penser, de ‹ir et d'apprécier les dangers et les principes.

‹autres terres du monde réclament le concours de mes modestes efforts. Je ‹is, moi, en mesure de réaliser ce qui t'est refusé en raison de tes responsabi- ‹s à la tête de Cuba, et l'heure est venue de nous séparer.

‹che que je le fais avec un mélange de joie et de douleur. Je laisse ici les plus ‹res de mes espérances de constructeur et les plus chers des êtres que j'aime, ‹un peuple qui m'a adopté comme un fils. Une part de mon esprit en est déchi- ‹. Je porterai sur de nouveaux champs de bataille la foi que tu m'as inculquée, ‹sprit révolutionnaire de mon peuple, le sentiment d'avoir accompli le plus ‹cré des devoirs : combattre l'impérialisme où qu'il se trouve. Voilà qui récon- ‹te et guérit les plus profondes blessures.

‹répète que je décharge Cuba de toute responsabilité, sauf de celle inspirée par ‹n exemple. Si, sous d'autres cieux, ma dernière heure vient à sonner, ma der- ‹ère pensée sera pour ce peuple et en particulier pour toi. Je te remercie pour ‹s enseignements et pour ton exemple ; j'essaierai d'y rester fidèle jusqu'au ‹ut de mes actes. J'ai toujours été en accord total avec la politique extérieure ‹notre révolution et je le reste encore. Où que je me trouve, je ressentirai tou- ‹rs la responsabilité d'être un révolutionnaire cubain, et j'agirai en conséquen- ‹ Je ne laisse à ma femme et à mes enfants aucun bien matériel et cela ne ‹attriste pas. Au contraire, je suis heureux qu'il en soit ainsi. Je ne demande ‹n pour eux, car l'État subviendra à leurs besoins et à leur éducation.

‹aurais encore beaucoup de choses à dire, à toi et à notre peuple, mais je sens ‹e c'est inutile, car les mots ne peuvent exprimer ce que je ressens, et ce n'est ‹s la peine de noircir des pages.

‹squ'à la victoire, toujours. La patrie ou la mort !

‹ t'embrasse avec toute la ferveur révolutionnaire.

           Che »

‹ans sa base du Luluaburg, le Che fut très surpris par la divulgation ‹ cette lettre, qui ne devait être rendue publique qu'en cas de mort de ‹n signataire. Par cette lecture, Castro interdisait à son auteur toute pos- ‹bilité de rétractation et de retour sur la scène publique à Cuba (mais ‹ cette lecture fut une nécessité politique », dira Castro). Cet écrit testa- ‹entaire, d'une certaine hauteur morale et humaine, est sans doute ‹jourd'hui le texte le plus célèbre du Che. Si, en 1965, elle fit sensation ‹ Cuba et dans le monde, la lettre ne révélait pas pour autant où se ‹chait le commandant Guevara.

Afrique, 1965

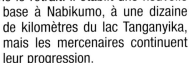

À partir de septembre, la guérilla congolaise se trouve menacée par une contre-offensive. La *Central Intelligence Agency* a envoyé des conseillers dans la région. Des mercenaires sud-africains et des soldats de l'armée congolaise commandés par des Belges entreprennent une manœuvre d'encerclement. Des récompenses sont offertes aux paysans pour dénoncer les guérilleros, et la région du campement du Che est bombardée. Le 24 octobre, le camp de Luluaburg est investi et, après quelques heures de résistance sur une colline, Tatu ordonne le retrait. Il établit une nouvelle base à Nabikumo, à une dizaine de kilomètres du lac Tanganyika, mais les mercenaires continuent leur progression.

À la mi-novembre, la décision de partir est prise, d'autant que le président Nyerere vient de demander aux Cubains de quitter le pays. La guérilla de Tatu au Congo est ainsi un fiasco complet, malgré sept mois d'efforts et de patience.

Les Cubains traversent le lac dans la nuit du 21 novembre, échappant de peu aux mercenaires. Le Che quitte la région avec « la claire impression qu'il restait à l'Afrique un long chemin à parcourir avant d'atteindre une véritable maturité révolutionnaire ».

Le 24 novembre, Mobutu prendra le pouvoir dans le pays et le gardera plusieurs décennies.

Une photographie montre une partie des Cubains à l'aéroport de Dar Es-Salaam avant l'envol pour leur patrie. Après son adieu solennel à Castro, il n'est pas question pour le Che de rentrer à Cuba : il prend ses quartiers dans l'ambassade Cubaine de Dar Es-Salaam et passe plus de trois mois sur place, reclus dans une petite pièce du premier étage. Fort déprimé, il reste de longs moments allongé sur le lit, se remettant lentement de ses fatigues et de ses maladies. L'autoportrait photographique pris avec un appareil posé sur une pile de livres date de cette retraite. À l'aide d'une machine à écrire, le Che reprend les notes prises pendant son séjour au Congo, analysant sans la moindre complaisance les causes de l'échec de cette guérilla.

Durant les premières semaines de 1966 — « année de la solidarité Cuba —, le Che vit toujours dans la clandestinité, ne sortant pas l'Ambassade cubaine de Dar Es-Salaam. Castro lui dépêche un émiss re pour le convaincre de rentrer à Cuba, mais le Che refuse. Envoyée p Castro, Aleida se rend auprès de son époux. Fin février ou début mars Che finit par accepter de quitter la Tanzanie pour Prague. Un spécialis des services cubains, venu sur place, modifie une fois encore l'appare ce de son visage pour lui permettre de passer les frontières sans ê reconnu.

Après quatre mois de séjour clandestin à Prague, passés dans la moro té et dans l'organisation à distance d'une future guérilla sud-américai le Che accepte enfin, sur les instances de Castro, de rentrer à Cuba. Av son passeport au nom de Ramon Benitez, il suit un parcours compliq — Vienne, Genève et Zurich, Moscou — et arrive à Cuba à la fin du m de juillet.

Cuba, 1966

astro et le Che ont toujours eu un objectif commun : embra-er l'Amérique latine de *focos* de guérilla. Le Che aspirait demment à amorcer une guérilla dans son Argentine nata-, mais Castro l'en a dissuadé : le risque est trop grand. Ce ra la Bolivie. Castro donne tous les moyens demandés : ficiers de l'armée cubaine, finances, liaison radio, etc. Le t général de l'opération n'est pas de prendre le pouvoir en olivie, mais d'établir une base à partir de laquelle lancer des olonnes de guérilleros dans toute l'Amérique du sud. Par ses ontières avec cinq pays (le Pérou, le Brésil, le Chili, rgentine – sans doute la cible essentielle du Che – et le raguay), la Bolivie est une plate-forme idéale pour lancer e insurrection à l'échelle continentale : « crear dos, tres… uchos Vietnam » sera la « consigna » du Che dans son *essage aux peuples du monde* rédigé avant son départ ur la Bolivie (publié à Cuba en avril de l'année suivante, ce xte aura une diffusion mondiale immédiate à un moment son auteur n'a pas donné signé de vie depuis des mois). août à octobre, une quinzaine de volontaires cubains recru-s pour la campagne bolivienne s'entraînent en secret dans e ferme de la région de Pinar del Rio, près de San Andrés Taiguanabo. Pour rejoindre incognito la Bolivie, le Che ange encore d'aspect. Les services cubains le vieillissent quelques années et lui donnent l'allure d'un notable : rasé près, prothèse buccale, lunettes d'écaille à verres épais ermettant de voir devant et derrière), prothèse dorsale don-nt une attitude voûtée, cheveux blancs et calvitie obtenue r arrachement des cheveux à la cire (sans anesthésie, par ainte d'une crise d'asthme). Pour le rapetisser, les talons de s chaussures ont été creusés. Le déguisement est si réus-que ses propres enfants ne le reconnaissent pas quand il end congé de sa famille. De quoi déjouer la surveillance de CIA. Quelques photos le montrent, chauve, imberbe et sou-ant, posant parmi ses guérilleros qu'il a rejoints pour parti-per aux derniers jours de leur entraînement.
Che va voyager avec deux faux passeports uruguayens : n est au nom d'Alfredo Mena Gonzales, « envoyé spécial l'Organisation des États américains », le second est au m de l'inusable Ramon Benitez Fernandez, voyageur de mmerce.

Bolivie, 1966

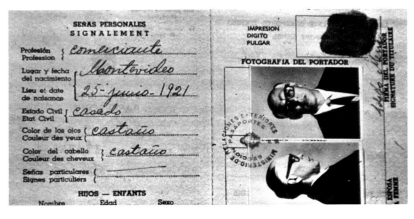

Le départ de Cuba du quadragénaire myope et déplumé a lieu le 23 octobre. Via Moscou, Prague, Vienne, Paris et São Paulo, le Che entre en Bolivie par la route et arrive à La Paz dans l'après-midi du 3 novembre. Il repart dès le lendemain matin.

Avec son garde du corps Carlos Coello (dit Tuma) et d'autres compañeros qui l'ont retrouvé à La Paz, le Che se rend en jeep — photographies prises en cours de route, notamment lors du passage d'un fleuve sur la route de Camiri — dans la région de Nancahuazu, contrée déserte et forestière du sud-ouest de la Bolivie. Il arrive sur place dans la nuit du 6 au 7 novembre. Des Cubains l'y attendent déjà. D'autres volontaires parviendront au campement, trois semaines plus tard. Dans les premiers temps, le Che disposera d'une cinquantaine de combattants : seize Cubains, trente Boliviens, trois Péruviens et deux Argentins.

Bolivie, 1966

La ferme — en fait un baraquement en tôle — achetée et occupée par la guérilla est toute proche de la rivière Nancahuazu. Par prudence, le Che et ses hommes ne s'installent pas dans la ferme elle-même, mais établissent leur camp à une centaine de mètres. Des cachettes souterraines sont creusées pour y dissimuler du matériel, des documents, des vivres. Peu après, un campement plus durable est aménagé à quelques kilomètres de distance, en pleine forêt, et muni de nouvelles cachettes et d'autres aménagements, comme un four à pain baptisé « Dien Bien Phu ».

Le 31 décembre, Mario Monje, secrétaire général du Parti communiste bolivien, vient au campement. Des contacts ont été pris avec ce Parti par Cuba au cours des mois précédents, pour assurer un réseau urbain à la guérilla du Che. Mais cette guérilla dans son pays déplaît à Monje : le PC bolivien est d'obédience soviétique et son secrétaire général tient à suivre les consignes de Moscou, qui prône la coexistence pacifique avec les États-Unis. Lors de son entretien avec le Che, Monje, personnage tortueux et madré, lui déclare qu'il apportera le soutien du Parti communiste bolivien si lui-même obtient la direction politique et militaire du mouvement guérillero. Une proposition inacceptable pour le Che. Monje repart de Nancahuazu, laissant la guérilla pratiquement livrée à elle-même.

Bolivie, 1966

Bolivie, 1967

Le 2 janvier 1967, lors d'un discours célébrant le huitième anniversaire de la victoire de la révolution cubaine, Castro adresse un message « spécial et chaleureux » au commandant Guevara et à ses compagnons — « quel que soit l'endroit du monde où ils puissent se trouver » — et espère « qu'un jour ou l'autre, nous aurons de nouveau des nouvelles très concrètes du Che ».

Le 1er février, laissant un petit groupe pour surveiller le camp, Ramon — nom de code du Che pendant cette nouvelle guérilla — et vingt-cinq hommes porteurs de lourdes charges partent de Nancahuazu pour une marche d'exercice. Cette expédition est aussi une reconnaissance de la région du nord en direction du Rio Grande et une tentative de prise de contact avec les paysans. Prévue pour une vingtaine de jours, l'équipée va durer plus du double et se dérouler dans des conditions particulièrement éprouvantes, sans commune mesure avec celles de la Sierra Maestra : « Quatre membres du Comité central, deux vice-ministres et deux haut fonctionnaires ont abandonné famille, voitures, maisons et privilèges pour suivre le Che dans une jungle inconnue où certains, squelettiques et en haillons, les membres enflammés par les œdèmes de la faim, ont été contraints de boire leur propre urine pour pouvoir affronter la mort debout. Personne ne les avait obligés et la télévision n'était pas là pour recueillir leurs dernières impressions » (Régis Debray).

Le 10 février, après avoir franchi le Rio Grande en radeau, les guérilleros font halte devant la maison d'Honorato Rojas, qui les trahira quelques mois plus tard. Le 26 février, un guérillero meurt noyé dans le Rio Grande ; le 17 mars, un autre dans la rivière Nancahuazu.

Bolivie, 1967

Bolivie, 1967

ténués et malades, le Che et ses hommes sont de retour au campement de Nancahuazu le 19 mars. Ils y trouvent un ex-membre du Parti communiste bolivien nommé Moisés Guevara (homonyme), arrivé début février avec huit Boliviens hâtivement recrutés et qui déserteront presque tous peu après. Sont également sur place depuis deux semaines l'Allemande Tamara Bunke (dite Tania), l'Argentin Ciro Bustos et le Français Régis Debray, envoyé par Castro.

Le Che a connu Tania en décembre 1960, à Leipzig, où elle a été son interprète. Née à Buenos Aires, cette fille de communistes allemands réfugiés en Argentine est venue à Cuba après la Révolution. En mars 1964, le Che lui a donné des instructions pour de futures activités de guérilla en Bolivie (le projet remontait donc au moins à cette époque). Dans les premiers temps de la guérilla bolivienne du Che, Tania sert de liaison avec La Paz.

Une autre jeune femme se rend sur le campement de Nancahuazu : Loyola — surnommée *Ignacia* par le Che — Guzman, membre des Jeunesses communistes de Bolivie. Elle est la trésorière de la guérilla et assure la liaison avec le mince réseau urbain.

Bolivie, 1967

Bolivie, 1967

mars, l'armée bolivienne apprend l'existence de la guérilla et finit par établir que son chef est le fameux Che Guevara, qui a disparu de Cuba depuis des mois : un civil a signalé la présence d'hommes en armes dans la région. Le 10 mars, pendant que le Che déambulait avec le gros de sa troupe dans la forêt bolivienne, un détachement militaire a visité la ferme de Nancahuazu, première base opérationnelle de la guérilla. Le 14, deux déserteurs boliviens du groupe de Moisés Guevara ont été arrêtés par la police. Trois jours plus tard, un guérillero de la colonne du Che a été fait prisonnier par l'armée, qui obtient ainsi ses premières informations précises sur la guérilla. Le 24, grâce aux indications d'un des deux déserteurs, la jeep de Tania est repérée : la police y trouve des documents qui révèlent sa véritable identité. Désormais grillée, Tania doit rester auprès des guérilleros.

Le 23 mars a lieu le premier combat sérieux avec l'armée bolivienne, qui progresse dans les gorges de la rivière Nancahuazu : les guérilleros ont tendu une embuscade à une patrouille : sept morts, quatre blessés et quatorze prisonniers dans les rangs boliviens. La radio bolivienne diffuse aussitôt l'information et, pour la première fois, une agence de presse internationale évoque la présence du Che en Bolivie et sa responsabilité dans le combat du 23 mars.

Bolivie, 1967

Le poste émetteur étant tombé en panne, guérilla peut recevoir des messages de C mais ne peut en envoyer au QG de La Havane Dans la nuit du 3 avril, la guérilla se met en ro Le jour suivant, l'armée guidée par les d déserteurs repère et occupe le campement Nancahuazu. Ayant trouvé « des photos où voyait le Che », elle est désormais certaine d présence dans la guérilla.
Le 10 avril, à Iripiti, lors d'une embuscade co l'armée, meurt un premier guérillero, le Cub Rubio, ex-vice-ministre de l'Industrie du sucr Cuba.
Le 17 avril, le Che se sépare, en principe pour courte période, d'une arrière-garde où s regroupés Tania et les malades, sous le comm dement de Joaquin, doyen de la troupe. Mai contact va se perdre entre les deux group qui ne se retrouveront plus. Le 19, le Che fait é cuer à leur demande Debray et Bustos, qui s arrêtés quelques heures plus tard (leur pro s'ouvrira à Camiri le 26 septembre : condamné trente ans de prison en novembre, ils se libérés en 1970). Cédant au chantage des s vices boliviens qui menacent d'enlever filles, Bustos accepte de collaborer et révèle l' placement de diverses caches de la guérilla. É peintre de profession, il crayonne de mémoire portraits très ressemblants de vingt guérille (son dessin de la tête de « Ramon » mo l'inégalité de longueur de la chevelure). précaution, le Che abandonne son surnom Ramon : il s'appelle désormais Fernando.
Le 22 avril, un guérillero bolivien est capturé l'armée et exécuté. Trois jours plus tard, un g rillero cubain est tué dans un combat.

Bolivie, 1967

Fin avril, à la demande du général René Barrientos, président de la Bolivie, les États-Unis envoient dans le pays des instructeurs et des vétérans de Corée et du Vietnam pour assurer, dans la ville de Santa-Cruz, la formation d'un bataillon de sept cents rangers boliviens commandés par le lieutenant-colonel Miguel Ayoroa. Objectif : la capture de Che Guevara et de ses guérilleros. Conscient que l'armée de son pays n'était pas la meilleure du monde, Barrientos n'a eu aucun mal à convaincre la CIA de l'aider : pas question, pour les États-Unis, de laisser germer un second front castriste en Amérique latine, de laisser naître « deux, trois, plusieurs Vietnam ».

Le major Ralph (dit « Pappy ») W. Shelton, spécialiste de la lutte anti-guérilla, est l'instructeur principal. Il répondra peu après aux questions d'une télévision américaine : « – Depuis combien de temps recherchez-vous le Che Guevara et dans quel pays l'avez-vous cherché ? – Nous avons du monde dans différents pays, surtout en Amérique du sud et en Asie du sud-est. On avait séjourné là-bas sans jamais le trouver. Il avait toujours une longueur d'avance, mais ici sa chance l'a abandonné. »

Bolivie, 1967

En mai et juin, les guérilleros ont plusieurs accrochages avec l'armée. À Bogotá, le colonel bolivien Serrudo déclare publiquement que Ramon, chef de la guérilla bolivienne, est Che Guevara. La presse internationale répand l'information. Le président Barrientos décrète l'état de siège dans tout le pays, et l'armée se met à pourchasser, torturer et exécuter les paysans soupçonnés d'avoir aidé la guérilla.

À la recherche de son arrière-garde, la guérilla remonte vers le nord. Le 26, elle tombe dans une embuscade (mort de Tuma). Fin juin, le Che apprend que Barrientos a prédit au cours d'une conférence de presse qu'il serait liquidé en quelques jours.

Durant la nuit du 6 juillet, la guérilla occupe quelques heures la caserne de la petite localité de Samaipata, sur la route de Santa-Cruz à Cochabamba (le Che n'y trouve pas les médicaments qu'il cherchait pour combattre son asthme). Le 30, elle est surprise par l'armée dans son campement.

Le 4 août, deux autres déserteurs conduisent les militaires à des caches de Nancahuazu qui n'avaient pas encore été repérées. Sont découverts le faux passeport du Che, divers documents et des photographies qui conduiront à l'arrestation de Loyola Guzman à La Paz.

Le 31 août, à la suite de la dénonciation du paysan Rojas — chez lequel le Che et ses hommes s'étaient arrêtés en février et qui sera exécuté plus tard par l'Armée nationale de libération de Bolivie —, l'armée localise et massacre le groupe de Joaquin à un gué du Rio Grande. Le corps de Tania est retrouvé quelques jours plus tard dans la rivière.

En septembre, le gouvernement bolivien offre une prime de cinquante mille pesos pour la capture du Che, mort ou vif. Lors d'une conférence de presse à La Paz, Barrientos présente un montage photographique établissant la ressemblance — les protubérances sus-orbitaires ont été cerclées sur la photo — entre l'homme des faux passeports uruguayens trouvés dans une cache de Nancahuazu, le portrait de Ramon dessiné par Bustos et Che Guevara. Le même jour, devant des journalistes réunis à Washington à l'occasion d'une assemblée des ministres des Affaires étrangères des pays d'Amérique latine, ces preuves photographiques sont présentées par le ministre bolivien. Ce dernier, qui s'appelle Walter Guevara, fait également projeter ces documents devant ses homologues des autres pays. Le Che, que certains croyaient mort et enterré, est donc bien vivant et progresse, un fusil sur le dos, quelque part sur le territoire de la Bolivie.

RECOMPENSA
Se ofrece la suma de 50.000.- Pesos bolivianos (Cincuenta millones de bolivianos), a quién entregue vivo o muerto, (Preferiblemente vivo), al guerrillero Ernesto "Che" Guevara, de quién se sabe con certeza de que se encuentra en territorio boliviano.

Bolivie, 1967

Début septembre : la guérilla ne compte plus que vingt-deux hommes. Apprenant par la radio locale que le groupe de Joaquin a été décimé, le Che décide de continuer vers le nord pour sortir de l'encerclement de l'armée et éviter de nouveaux affrontements. Les libérateurs du continent sud-américain ne sont plus qu'une bande de pauvres hères traqués et exténués, tenaillés par la faim et la soif, déambulant à travers la jungle sous la direction d'un chef intransigeant et taraudé par des crises d'asthme à répétition. Ils prennent de moins en moins de précautions, circulant en plein jour et se montrant dans des hameaux (les militaires boliviens se diront étonnés de telles imprudences de la part d'un combattant aussi expérimenté que le Che). Dans le village de Morocos, le Che photographie quelques habitants et joue les dentistes comme au temps de la Sierra Maestra. Le 21 septembre, ses hommes et lui se mêlent à la population d'Alto Secco et expliquent les raisons de leur lutte. Dès leur départ, le maire fait prévenir les militaires de la garnison de Vallegrande. Le lendemain, le général Alfredo Ovando, chef des forces armées boliviennes, annonce l'imminence de la capture du Che.

Le 24 septembre, les rangers formés par les bérets verts américains et commandés par le major Ayoroa défilent dans les rues de Santa Cruz. Le lendemain, ils sont transportés en camion dans la région de Vallegrande, où la présence des guérilleros est signalée par de multiples sources. Le 26, en quittant le village de La Higuera, la guérilla tombe dans une embuscade et perd trois hommes. Il ne reste à ce moment que dix-sept hommes dans la troupe du Che.

Bolivie, 1967

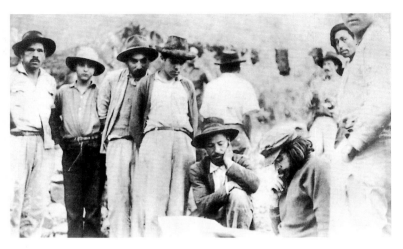

Bolivie, 1967

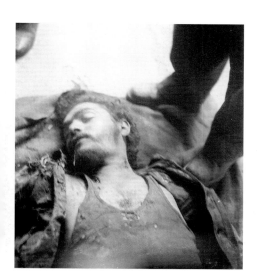

Le 28 septembre, le capitaine Gary Prado et ses rangers arrêtent le guérillero Orlando Jimenez Barzan (dit Cambo).
Le journal tenu par le Che au cours de l'année 1967 sur un agenda de marque allemande acheté à Francfort s'arrête à la page du 7 octobre. Le lendemain, la guérilla est prise au piège par les rangers au fond de la *quebrada* (ravin) du Churo. Alertés par un paysan qui a vu passer les guérilleros durant la nuit, les soldats ont pris position sur les crêtes avoisinantes. À l'aube, le Che aperçoit les soldats qui commencent à descendre dans le ravin et divise ses combattants en plusieurs groupes. Le combat s'engage peu après et dure plusieurs heures.
En début d'après-midi, blessé au mollet droit par une balle et claudiquant, un autre impact ayant mis son fusil hors d'usage, le Che se retrouve seul avec le Bolivien Simon Cuba, dit Willy. Au moment où tous deux tentent de s'échapper en escaladant une faille de la paroi du ravin, ils sont mis en joue et faits prisonniers par trois soldats. Le capitaine Prado arrive sur les lieux : « – *Quien es ? – Soy el Che Guevara.* »
Ayant dévisagé ce personnage hirsute et débraillé, qui boite et suffoque, l'officier vérifie son identité sur un carnet où figurent le signalement des guérilleros et les portraits dessinés par Bustos. Il s'agit bien du Che. Quelques instants plus tard, une procession de rangers escortant leurs prisonniers ou portant des cadavres se met en route vers le village le plus proche, La Higuera, situé à deux kilomètres de distance. Un soldat aide à marcher le Che blessé et en pleine crise d'asthme. Des paysans des environs se joignent au cortège.

165

Bolivie, 1967

À La Higuera, le Che est enfermé dans une des deux pièces d'une maison de torchis, qui est l'école. Willy est emprisonné dans la salle voisine, où les soldats déposent les cadavres de deux autres guérilleros. La plupart de leurs compagnons seront tués au combat, ce jour-là ou les jours suivants. Six seulement parviendront à franchir l'encerclement et à disparaître dans la nature.

Arrivés en hélicoptère, le major Ayoroa et le lieutenant-colonel Selich, qui commande le régiment de génie de Vallegrande, tentent de questionner le Che, mais n'en tirent aucune réponse, malgré les brutalités de Selich. Un télégramme du colonel Zenteno est envoyé peu après de Vallegrande : « Garder Fernando vivant jusqu'à mon arrivée en hélicoptère demain matin à la première heure. » Le général Ovando — futur président de Bolivie — et son état-major, qui ont appris vers 17 heures la capture de Che Guevara, se réunissent dans la soirée pour décider de son sort. Le raffut international occasionné par l'arrestation de Debray, qui a été désastreux pour le gouvernement bolivien, de même que les problèmes de sécurité que poserait le maintien en prison du Che (la peine de mort a été abolie dans le pays quelques mois plus tôt) ont dû peser lourdement dans la discussion : la décision prise est de liquider le Che le plus vite possible, avant que la pression étrangère ne devienne trop forte. Barrientos donne son aval à l'exécution, après avoir contacté l'ambassadeur des États-Unis.

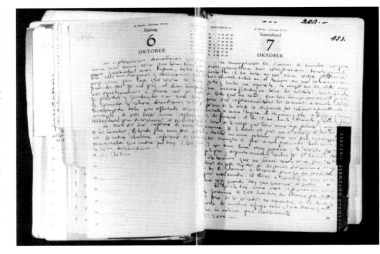

Bolivie, 1967

Le 9 octobre, à la première heure, arrivent en hélicoptère le colonel Joaquin Zenteno, officier commandant la huitième division, et un agent de la CIA, Felix Rodriguez, Cubain anticastriste dont la mission en Bolivie était la capture du Che. Ils viennent eux aussi interroger ce dernier, qui est toujours gardé dans l'école, les mains liées, par de nombreux soldats. Malmené par Rodriguez, le prisonnier refuse toujours de donner le moindre renseignement et ne cache pas son mépris au Cubain de la CIA. Ce dernier le fait sortir à la lumière du jour pour le prendre en photographie. Jaime Nino de Guzman, le pilote de l'hélicoptère, prend les ultimes clichés du Che vivant. Ils montrent un clochard dépenaillé, avec une tignasse sale et emmêlée. Le visage a une expression de colère et d'humiliation. Sur une des photographies, Rodriguez, qui porte un uniforme de ranger bolivien, pose fièrement à côté du prisonnier.

Vers onze heures, l'ordre d'exécution arrive par radio. L'homme de la CIA et les officiers présents informent le Che de la sentence. Willy, le premier, est abattu d'une rafale de fusil-mitrailleur par le sergent Bernardino Huanca. Le Che est exécuté de la même manière un peu après 13 heures. Le tireur est le sergent Mario Teran, auquel Rodriguez a recommandé de ne pas toucher le visage et de faire en sorte que les blessures semblent avoir été reçues au cours d'un combat.

Bolivie, 1967

« Qu'ont ressenti ceux qui avaient donné l'ordre de tirer et ceux qui avaient tiré lorsqu'ils ont vu surgir de toutes parts, sans leur laisser le moindre répit, la photo de Korda reproduite par Feltrinelli et son flair de génie ? À quelles obscures furies se recommandaient-ils, quelle boisson enivrante pouvait leur apporter la paix quand ils voyaient apparaître leurs enfants et petits-enfants rebelles arborant sur leur poitrine les images souriantes et sereines de l'assassiné, du disparu ? Où trouver refuge et oubli quand le Che était à Tlatelolco, à La Sorbonne, à Berkeley, dans les favelas de São Paulo, dans les forêts de Ceylan, dans les rues de Beyrouth, à Soweto ? » (Eliades Acosta Matos)

À droite, le colonel Zenteno.

Le président Barrientos et John Tilton, chef de la CIA en Bolivie.

Le général Ovando.

Le président Barrientos arrive à Vallegrande.

L'agent de la CIA à l'aéroport de Vallegrande.

Bolivie, 1967

Le sergent Teran.

Le sergent Teran.

Le capitaine Prado.

Le capitaine Prado et le sergent Huanca.

Le colonel Selich.

Bolivie, 1967

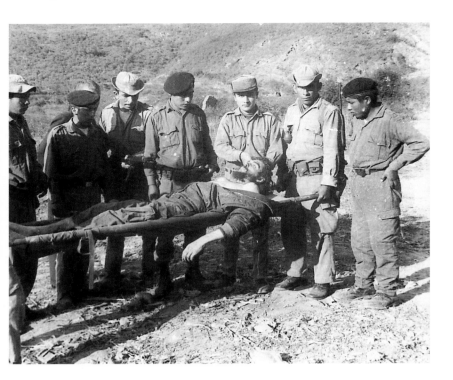

Vers seize heures, les soldats transportent le cadavre d[u] Che sur une civière jusqu'à l'hélicoptère et, après l'avo[ir] enveloppé dans une bâche, l'attachent sur l'un de[s] patins. Un curé vient de bénir le corps et de lui fermer le[s] yeux. Quelques minutes plus tard, l'hélicoptère se pos[e] sur le petit aéroport de Vallegrande, capitale du distri[ct] où l'état-major bolivien au grand complet vient d'arrive[r]. Au milieu d'une foule de soldats, la civière est engou[f]frée dans une camionnette Chevrolet et conduite à [la] buanderie de l'hôpital Nuestro-Senor de Malta, qui v[a] servir de morgue au cours des heures suivantes. L[e] cadavre du Che est posé sur le lavoir. Ceux des autre[s] guérilleros, également transportés à Vallegrande, so[nt] jetés à même le sol.

Bolivie, 1967

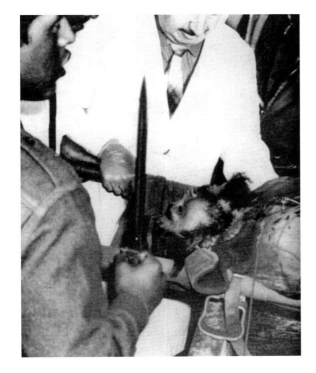

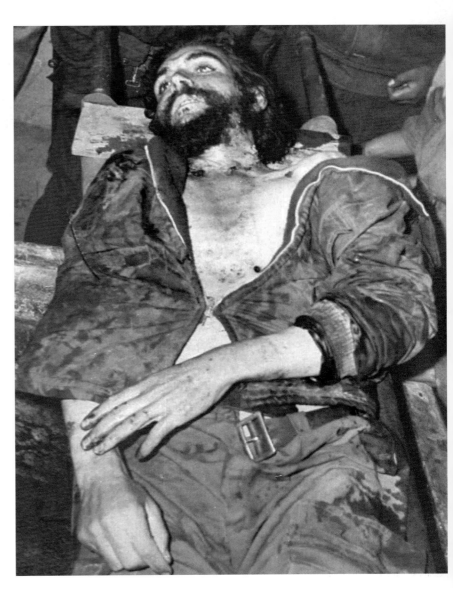

Bolivie, 1967

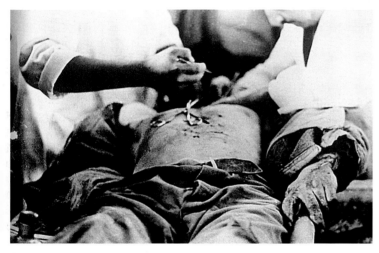

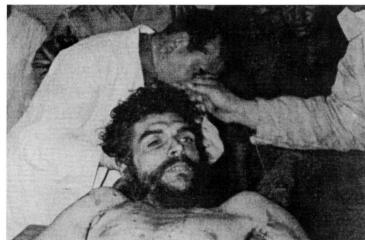

Durant le transport en hélicoptère, yeux du Che se sont rouverts. Re[quis] par les militaires, un médecin de l'[hô]pital, le docteur Martinez Casso, in[ci]se la base du cou pour injecter du f[or]mol dans l'aorte afin de retarder [la] décomposition. Deux infirmières s[ont] ensuite chargées de nettoyer [le] cadavre et de le rendre présentabl[e]. Le Che ne portait pas de chaussu[res] quand il fut arrêté, les ayant perdu[es] en traversant une rivière à la nage [au] cours du mois précédent. Il avait tr[ois] chaussettes à chaque pied et d[es] sandales cousues à la main.

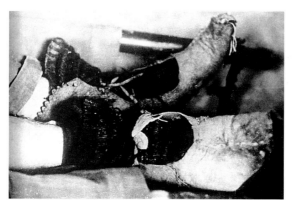

Bolivie, 1967

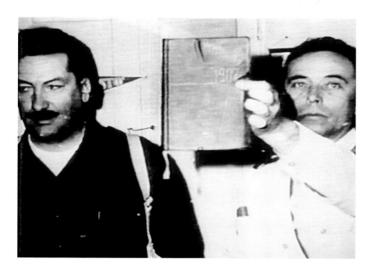

L'état-major bolivien a informé une agence de presse qui diffuse cette dépêche : « Le cadavre d'Ernesto " Che " Guevara figure parmi les corps des guérilleros abattus au cours d'un accrochage avec les forces de l'ordre survenu dimanche dans la région de La Higuera, indique un rapport adressé au commandement militaire de La Paz, apprend-on de source bien informée. Cependant cette information n'a pas encore été confirmée. » De fait, une certaine incrédulité se manifeste aussitôt dans de nombreux médias internationaux, échaudés par les fausses nouvelles qui ont couru sur le Che au cours des deux dernières années.

En début d'après-midi, le colonel Zenteno a organisé dans la caserne de Vallegrande une conférence de presse au cours de laquelle il a attesté que le Che a été tué dans la journée de dimanche, dès le début d'un engagement avec l'armée. Le doute s'insinue cependant très vite chez ses auditeurs. Lors d'une seconde conférence de presse, tenue peu après l'arrivée du cadavre à Vallegrande, sont exhibés divers trophées du Che, comme son fusil M-2, son poignard Solingen et ses carnets de guérilla (Zenteno gardera ce fusil, ainsi que d'autres pièces : la cartouchière du Che, une carte de la Bolivie et un rouleau de pellicule non développé). Pour convaincre les journalistes venus de Camiri, où ils suivaient le procès Debray, que le rebelle abattu est bien Che Guevara, Zenteno leur propose de voir son cadavre.

Bolivie, 1967

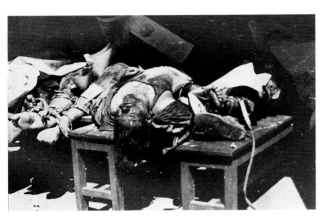

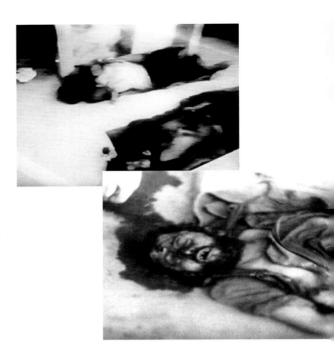
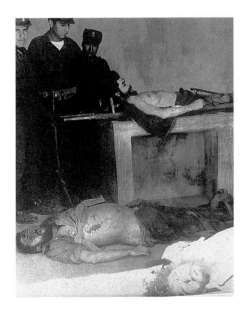
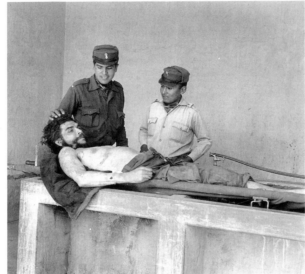
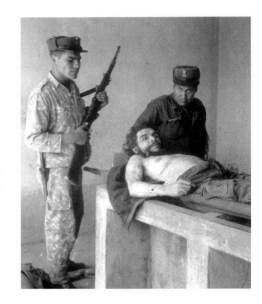
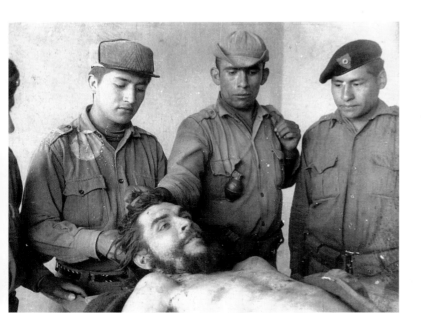
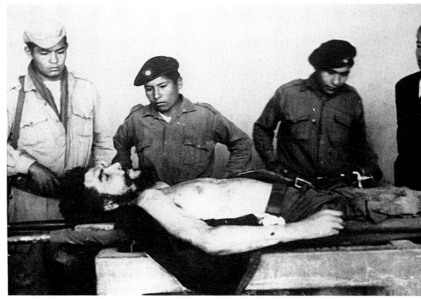

Bolivie, 1967

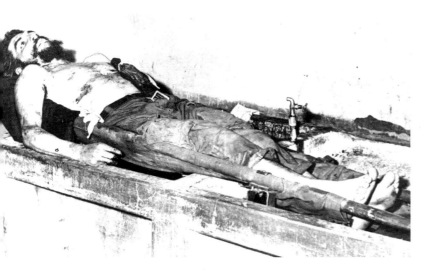
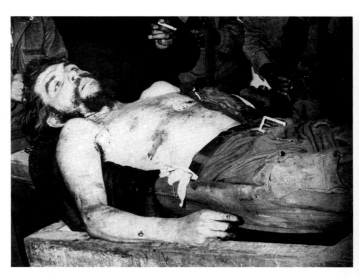
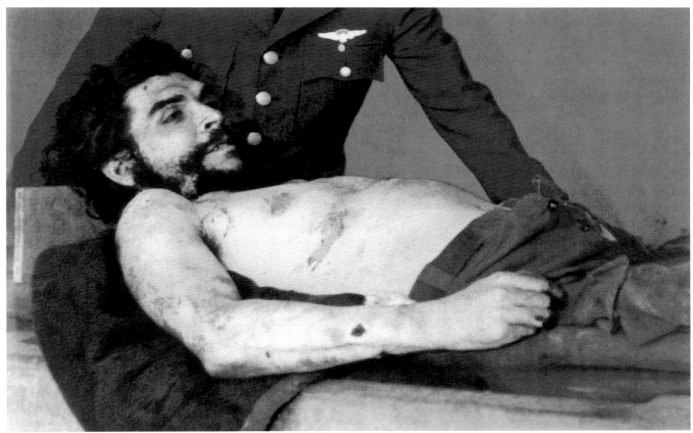
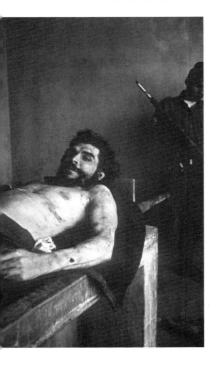

Bolivie, 1967

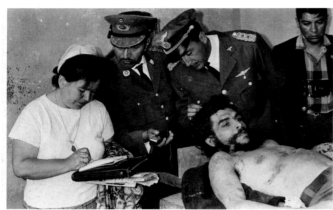

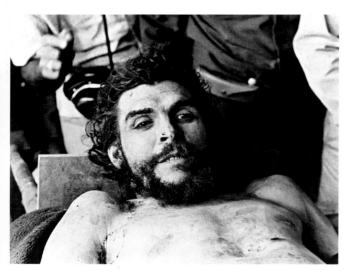

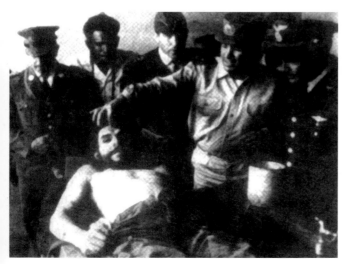

Les journalistes sont conduits à la buanderie de l'hôpital, où le corps du Che gardé par quelques soldats repose sur le double évier de ciment, torse et jambes nues, la tête redressée par une planchette de bois pour que tous puissent bien voir son visage. À terre gisent les cadavres de deux autres guérilleros. Les rangers ont écrasé à coups de crosse le visage de l'un d'eux.

Le mouchoir sur le nez pour se protéger de l'odeur du formol, les officiers boliviens montrent aux journalistes les impacts de balle sur le thorax du Che et comparent son visage avec les photographies dont ils disposent. Les journalistes mitraillent à leur tour sous tous les angles. Leurs images seront publiées dans le monde entier au cours des heures suivantes.

En cherchant à rendre le cadavre parfaitement identifiable afin de convaincre la presse qu'il s'agissait réellement de Che Guevara, les militaires ont transformé le captif déguenillé et miteux de la veille en un gisant au visage serein et apaisé, aux yeux d'une limpidité vitreuse presque gênante, au rictus ébauchant un sourire. Un journaliste présent ce jour-là à Vallegrande dira que le cadavre donnait l'impression qu'il allait parler. Pourtant, en dépit des apparences, la nouvelle de la mort du Che restera longtemps mise en doute : certains allèrent jusqu'à supposer que l'armée bolivienne avait montré le cadavre d'un sosie.

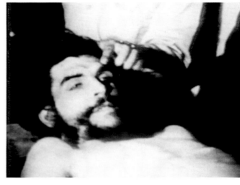

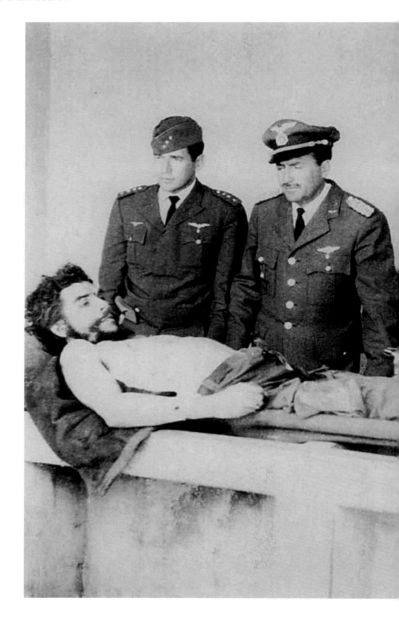

Bolivie, 1967

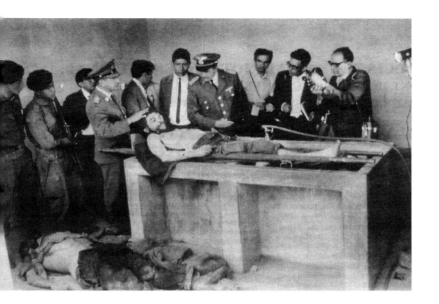

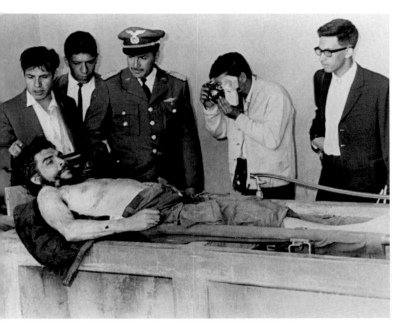
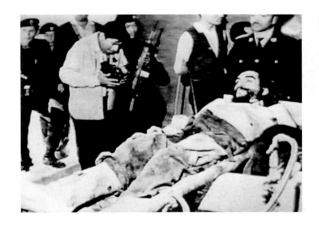
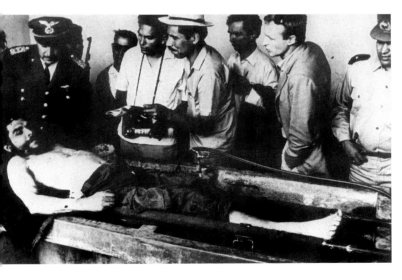
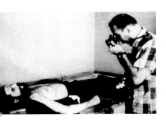

Bolivie, 1967

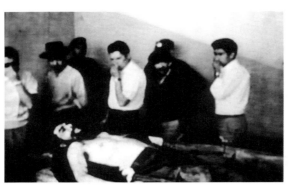

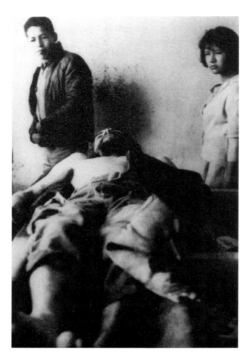

La population de Vallegrande, autorisée à voir le cadavre, défile jusqu'à la tombée de la nuit dans la buanderie.

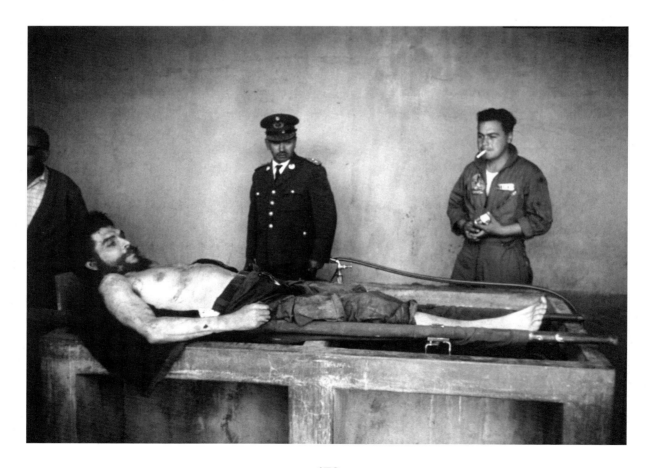

Bolivie, 1967

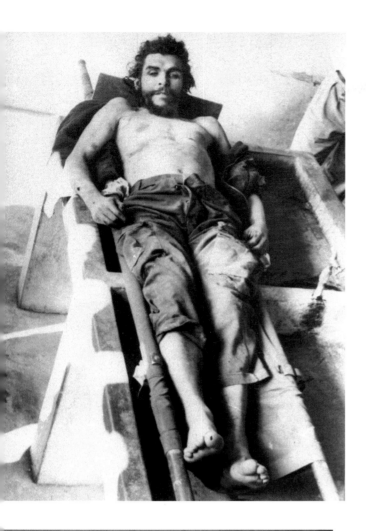
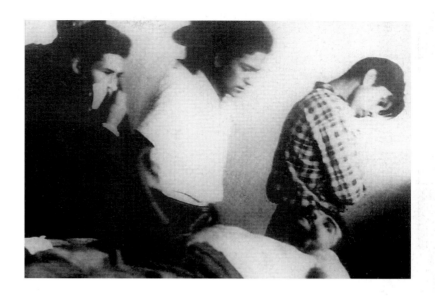

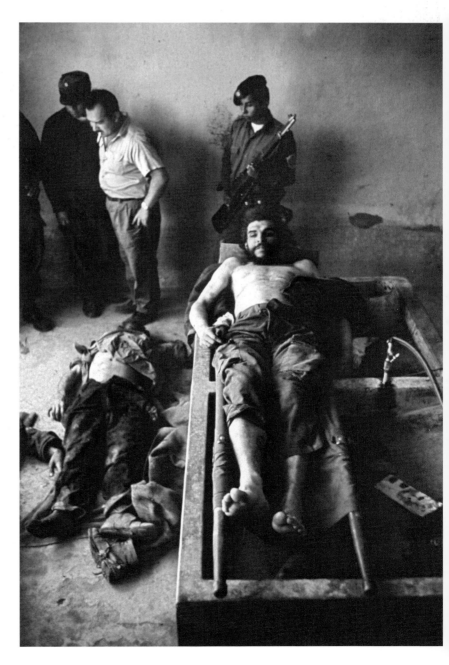

Bolivie, 1967

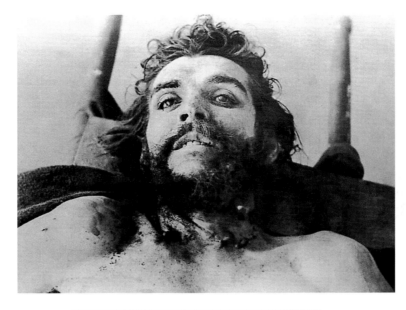
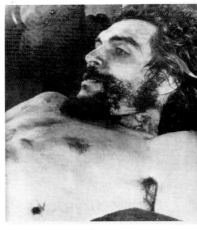

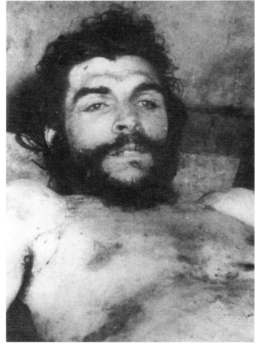

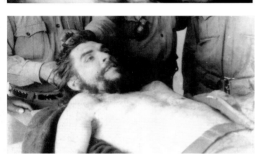

Une légende veut que le cadavre du Che ait été décapité en vue d'envoyer la tête à La Paz à des fins d'identification. En fait, la couture d'une longue plaie que l'on distingue à la base du cou sur certaines photographies est liée à l'incision pratiquée pour l'injection de formol. Il est en revanche bien réel qu'après l'exposition au public, les mains du Che ont été coupées à hauteur des poignets par un médecin de l'hôpital et plongées dans un bocal de formol pour permettre une analyse ultérieure des empreintes digitales, afin d'apporter une preuve formelle de l'identité du cadavre. Quelques années plus tard, le ministre bolivien de l'Intérieur expédiera à Castro le bocal contenant les mains de son ancien compagnon.
Au cours de la nuit du 10 octobre, un autre agent de la CIA, Gustavo Villoldo, fait enterrer les cadavres du Che et des autres guérilleros dans un endroit qui va rester secret durant près de trente ans. Il choisit une zone en bordure de la piste d'atterrissage de l'aéroport de Vallegrande. Le lieutenant-colonel Selich est chargé de veiller au bon déroulement de l'opération, qui s'effectue dans la plus grande confidentialité : la sépulture ne doit pas devenir un lieu de pèlerinage. Longtemps, on croira que le cadavre du Che a été incinéré ou jeté dans la jungle du haut d'un hélicoptère.

Cachés dans les environs immédiats de La Higuera, les six guéri ros survivants ont vu l'hélicoptère décoller sans se douter q emportait le cadavre de leur chef. Ils ont appris la nouvelle à u heure du matin en écoutant la radio. Cinq d'entre eux parviendr à quitter la Bolivie en passant par le Chili : les Cubains Pom Benigno et Urbano, et les Boliviens Inti Peredo et Dario.

Cuba, 1967

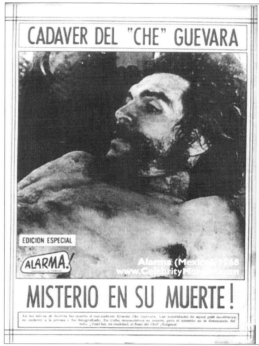

15 octobre, Fidel Castro annonce la mort du Che à la télévision et à la radio cubaines : « La nouvelle relative à la mort du commandant Ernesto Guevara est douloureusement exacte. » Il reconnaît ainsi pour la première fois publiquement la présence en Bolivie du guérillero devenu citoyen cubain de naissance. Le 18 octobre, une veillée solennelle est organisée à La Havane en hommage au Che. Devant un million de personnes réunies place de la Révolution, Castro prononce un éloge funèbre : « Ceux qui chantent victoire se trompent s'ils croient que sa mort est la mort de ses idées. »
Veuf depuis 1965, Ernesto Guevara père se remariera, après la mort de son fils aîné, avec Ana Maria Erra, qui était sa cadette de 43 ans. Il aura trois nouveaux enfants et vivra à Cuba jusqu'à sa mort, survenue en 1987.

Bolivie, 1995–1997

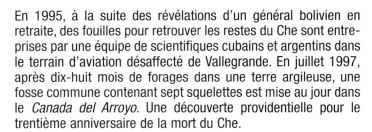

En 1995, à la suite des révélations d'un général bolivien en retraite, des fouilles pour retrouver les restes du Che sont entreprises par une équipe de scientifiques cubains et argentins dans le terrain d'aviation désaffecté de Vallegrande. En juillet 1997, après dix-huit mois de forages dans une terre argileuse, une fosse commune contenant sept squelettes est mise au jour dans le *Canada del Arroyo*. Une découverte providentielle pour le trentième anniversaire de la mort du Che.

Bolivie, 1997

Bolivie, 1997

L'exhumation du « squelette numéro deux » a lieu, le 5 juillet 1997, sous le crépitement des flashes. Les ossements sont examinés trois jours plus tard à la morgue du petit hôpital japonais de Santa-Cruz. L'anthropologue argentin Alejandro Inchaurregui et le médecin légiste cubain Jorge Gonzales identifient le squelette comme celui du Che : il est le seul dont manquent les mains, et la forme des protubérances sus-orbitaires si particulières du Che apparaît sur le crâne. Les impacts de balle sur les côtes et les os des jambes correspondent à ceux décrits dans le rapport d'autopsie de 1967. Des sept crânes trouvés dans la fosse, celui du squelette numéro deux est le seul : les autres ont éclaté sous l'effet d'un coup de feu.

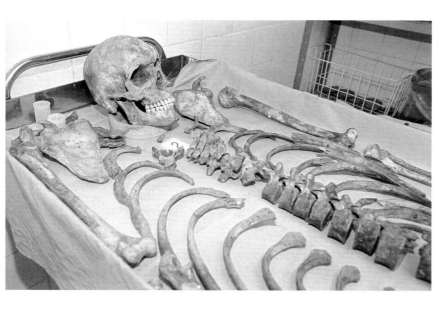

Bolivie, 1997

ndant l'expertise du squelette numéro deux, des posters à l'effigie du
e sont mis en vente à la sortie de l'hôpital. Le 12 juillet, les ossements
rnesto Guevara sont placés dans une urne en vue de leur rapatriement
uba, comme l'a autorisé le gouvernement bolivien.

Ceux de ses compagnons suivent le même chemin. Une délégation cubaine, venue chercher les restes des guérilleros, décolle le jour-même de l'aéroport de Santa-Cruz. Le soir, des millions de Cubains voient apparaître, sur l'écran de leur télévision, le point qu'inscrit dans le ciel l'avion qui va se poser sur la piste de l'aéroport de San Antonio de Los Baños.

Cuba, 1997

Cuba, 1997

À Cuba, le cortège funèbre qui transporte l'urne du Che reçoit les honneurs militaires et passe devant le bâtiment du gouvernement dont la façade porte son effigie. L'urne est ensuite déposée dans la salle « Granma » du ministère des Forces armées révolutionnaires. Le 10 octobre au soir, Fidel et Raul Castro, accompagnés du Bureau politique du Parti communiste cubain, montent une garde d'honneur devant les restes du Che et de ses guérilleros.

Cuba, 1997

Cuba, 1997

Le 14 octobre, les urnes partent de La Havane en direction de Santa-Clara, la ville libérée près de quarante ans plus tôt par la colonne du Che, et sont placées dans un Mémorial construit à cet effet. Trois jours plus tard a lieu une cérémonie d'hommage national à laquelle assistent Aleida Guevara March et Pombo, un des survivants de la guérilla bolivienne. Après avoir prononcé un discours — « Le Che et ses hommes sont, dans mon esprit, des renforts » — et écouté celui de la fille du disparu, Fidel Castro allume la flamme du mausolée consacré au Che.
Il lui devait bien cela.

« D'autres terres du monde réclament le concours de mes modestes efforts. Je suis, moi, en mesure de réaliser ce qui t'est refusé en raison de tes responsabilités à la tête de Cuba, et l'heure est venue de nous séparer.
[…]
Je t'embrasse avec toute la ferveur révolutionnaire
Che »

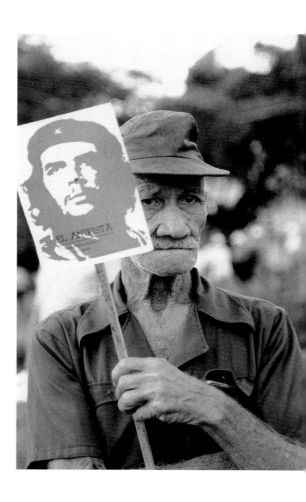

Texte
et photographies
contemporaines :
Jean-Hugues Berrou

« Fidel veut ma peau », grommelle le petit homme, grimpant le dernier des étages d'une barre bétonnée perdue au fond du quartier Bahia, un *no man's land* de la banlieue havanaise. « Des années que je demande un rez-de-chaussée, à cause de mon diabète. » Ernest Ilanga, traducteur et professeur de swahili d'Ernesto Che Guevara, aujourd'hui neurochirurgien à Cuba, ouvre la porte de son appartement. Arrivé à la fin de son enquête, le visiteur ne s'étonne plus de pénétrer dans un petit deux-pièces meublé avec une simplicité spartiate. La fidélité à la mémoire du Che prend souvent la forme, chez ses anciens compagnons, d'une méfiance définitive pour tout ce qui peut ressembler à un début de confort.

La chambre-bureau, pleine à craquer de livres, papiers et dossiers divers, a tendance à exporter son désordre vers le séjour, qui résiste. « C'est que j'ai cinq livres en chantier, vous comprenez… » Et il ajoute, l'œil rieur : « Au fait, j'espère que vous n'êtes pas un de ces voleurs de manuscrits, qu'envoient les maisons d'éditions. C'est quoi au juste, votre projet ? »

Une enquête, qui commence justement à l'est du Congo-Kinshasa, dans ce Sud-Kivu dont il est originaire, lui, Ernest Ilanga. En avril 1965, Che Guevara abandonne son poste de ministre de l'Industrie de Cuba pour aller s'enfoncer dans la verte jungle de cette région, avec l'espoir d'y former une armée révolutionnaire pan-africaine. Cette première expédition internationaliste sera un échec, tout comme la seconde, en Bolivie, où il trouve la mort.

Une enquête par l'image, puisque c'est sous cette forme que Che Guevara connaît la plus grande postérité. À sa lente disparition dans l'obscurité de ces jungles hostiles, qui durera plus de deux années, correspond, à la même époque et comme inversée par un étrange effet de miroir, l'émergence d'une icône qui allait marquer le XXe, puis ce début du XXIe siècle. Quelle est l'histoire de cette image, de ces images qui se partagent le privilège assez déconcertant d'orner aussi bien les sachets de sucre d'une cafétéria de l'aéroport de Tokyo que les banderoles de manifestations anti-mondialistes ?

Il fallait retrouver des témoins, compagnons de guérilla, photographes. Donner la parole aux Congolais et aux Boliviens qui avaient pris part à cet espoir initié par Guevara, dans cette période d'effervescence où tout semblait encore possible. Bien avant que l'expression « tiers-monde » ne soit synonyme d'échec économique.

« Ah… C'est bon, reprend Ernest Ilanga, rien à voir avec ce que je prépare. On peut commencer. »

Un grand leader tiers-mondiste : Julius Nyerere, père de l'indépendance de la Tanzanie, où trouveront refuge de nombreux *freedom fighters* africains dans les années 60. Début 65, il accepte que son pays, frontalier du Congo, serve de base-arrière à l'expédition cubaine. Musée national de Tanzanie, Dar es-Salam, 2002.

Mwalimu Nyerere akihutubia mkutano kabla ya Uhuru
***
Mwalimu Nyerere addressing political rally before Independence.

CONGO : LE CHE, TATU ET PERSONNE

Le Che déguisé, alors qu'il traverse la Tanzanie pour rejoindre
le Congo, avril 1965. Détail d'une photographie (voir page 205),
Oficina de Asuntos Historicos, La Havane.

PRIMER CAMUFLAGE
Para lograr los efectos de cambio de personalidad deseados, el Cmdte. Guevara cortó su cabello y lo peinó hacia atrás, conjuntamente con el uso de espejuelos y crecimiento de un fino bigote. Obsérvese los --- evidentes resultados.

Ci-dessus : **Photographies « face-profil » de sa nouvelle identité, mars 1965. Le texte en légende : « Pour obtenir le changement de personnalité désiré, le cmdt Guevara coupe ses cheveux et les peigne en arrière. Il porte des lunettes et a laissé pousser une fine moustache. Vous pouvez observer le résultat. » Photographie D.R. À droite : Le Che alors qu'il termine de se faire raser. Oficina de Asuntos Historicos, La Havane, 1965.**

Mais avant d'accueillir avec Ernest Ilanga les quatorze Cubains qui s'échouent sur la rive congolaise du lac Tanganyika, un bref retour en arrière s'impose.

En 1965, le grand mouvement de décolonisation est presque achevé. À la recherche de nouveaux partenaires et alliés, les jeunes républiques n'ont souvent que le choix de se tourner vers le giron protecteur soviétique ou américain. Les deux puissances vivent alors une « co-existence pacifique » qui ressemble fort à un partage glouton des ressources de la planète. Spectacle peu alléchant quand on vient de payer, parfois très chèrement, son droit à l'indépendance. Depuis 1955, certains leaders du tiers-monde, tels Nasser ou Nehru, tentent de rendre viable une position alternative, le « non-alignement ».

CONDITIONS DU DÉPART

Pourquoi le numéro deux du régime cubain, un des hommes les plus en vue de la politique internationale, va-t-il se perdre dans les collines du Kivu congolais, pour venir en aide à une rébellion qu'il connaît mal ? Mieux vaut inverser la perspective, et se demander comment l'insatiable baroudeur devenu guérillero a bien pu « tenir » aussi longtemps dans ses fonctions de président de la Banque nationale de Cuba, puis de ministre de l'Industrie. Ses prises de position, notamment lors d'une visite en Algérie en février 1965, se font de plus en plus radicales, signe peut-être qu'il ne trouve plus sa place dans les échanges à fleuret moucheté du grand ballet diplomatique. Dans son fameux « discours d'Alger », qui ne précède que d'un peu plus d'un mois son départ en Afrique, on remarque que le Congo est cité en exemple pour illustrer l'émergence d'un néo-colonialisme d'une extrême violence,

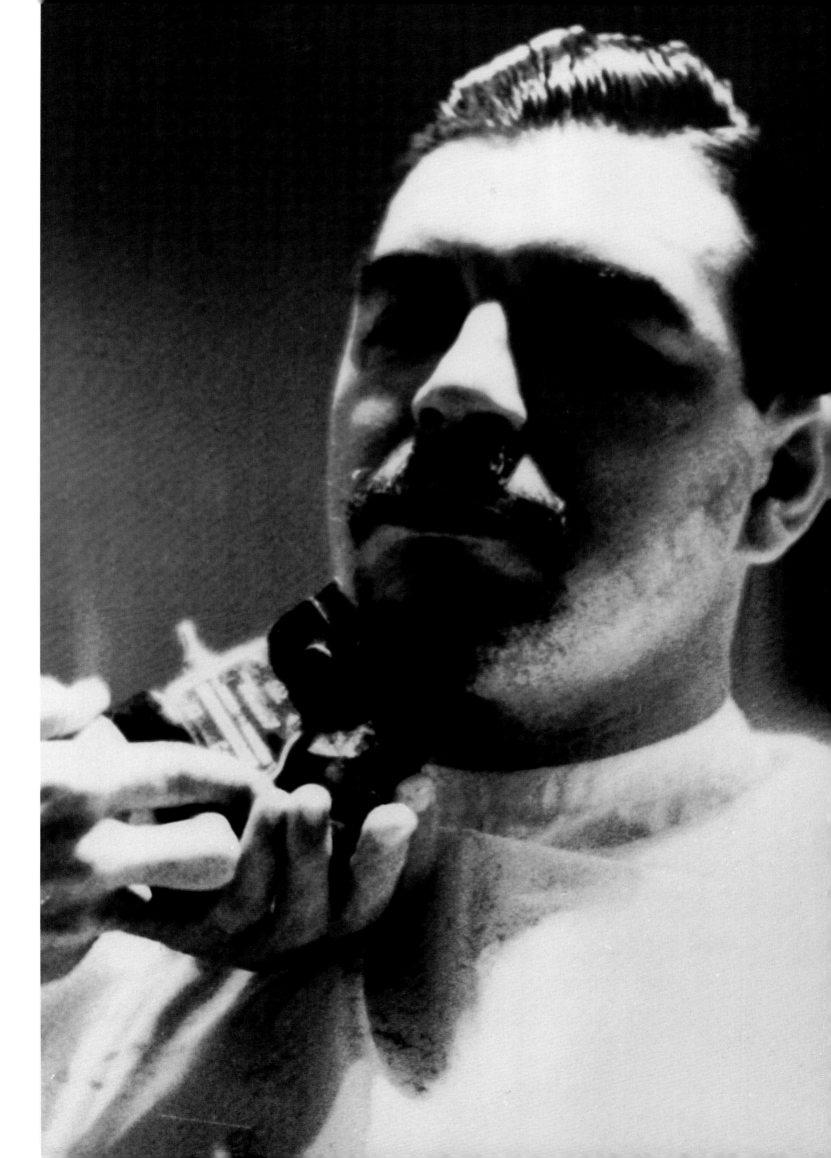

ce qui fait directement référence à l'assassinat de Patrice Lumumba, le 17 janvier 1961. Les images de ce beau et jeune chef d'État africain, tombé dans le piège tendu par ses ennemis, menotté puis hissé sur la benne d'un camion, sont largement diffusées dans la presse internationale. Mise en scène humiliante et mise à mort aux relents sadiques : Lumumba devient martyre.

« Pour répondre à l'agression abominable de l'impérialisme américain contre le Vietnam ou le Congo, il faut fournir à ces pays frères tous les moyens de défense dont ils ont besoin, en leur offrant notre solidarité inconditionnelle. » Dans ce même discours d'Alger, il esquisse une nouvelle géopolitique peu orthodoxe pour son époque — et surtout pour sa position de ministre de l'Industrie cubaine. Il juge subsidiaires les tensions entre l'Est et l'Ouest, à côté de l'exploitation du Sud par les puissants Nords, qu'ils soient Américains ou Russes. Vision iconoclaste qui lui vaudra, à son retour à Cuba, un tête-à-tête que l'on peut supposer houleux, long en tout cas de quarante heures selon des témoins, avec Fidel Castro.

Celui-ci préfère sans doute ménager les susceptibilités soviétiques, dont dépend pour une grande part l'économie cubaine. Guevara, en tout cas, décide de partir, et de retrouver la lutte armée, dans ce Congo dont il a rencontré les dirigeants rebelles, Soumialot et Kabila, lors de son récent périple de trois mois à travers le monde. Il ne réapparaîtra plus jamais publiquement, jusqu'au jour de sa mort, le 9 octobre 1967.

MÉTAMORPHOSE, PREMIER ÉPISODE

Pour entrer au Congo, le Che va évidemment devoir changer d'apparence physique : son image a déjà fait le tour du monde, et colle parfaitement avec celle d'une révolution jeune et ardente. Mais il lui faut surtout changer de statut. Passer d'un rôle de représentation (diplomate de luxe ou distributeur de médailles aux ouvriers méritants) à son contraire : la clandestinité. On aurait tort de voir là une renonciation douloureuse. « Dans son bureau du ministère, se souvient René Burri, photographe de Magnum qui a pu l'observer longue-

---

Ci-dessus et à droite : **Dernière rencontre de Guevara avec Fidel Castro avant le départ pour le Congo. Castro feuillette le faux passeport de Ramon. Photos Oficina de Asuntos Historicos, La Havane, 1965.**

ment en avril 1963, il était comme un tigre en cage. » Guevara semble impatient de fermer son agenda de ministre pour inaugurer un nouveau journal de guérillero, de se forger une nouvelle identité, un nouveau visage. Cuba regorge justement de bons spécialistes, capables de rendre n'importe qui méconnaissable grâce à quelques prothèses...

Les anecdotes abondent, où le Che s'amuse avec sa nouvelle apparence, faisant passer le « test » à ses proches, pour vérifier qu'ils ne le reconnaissent pas, ce qui provoque quelques situations cocasses. Victor Dreke en fera l'expérience. Il est l'un des rares officiers noir de l'armée révolutionnaire, et c'est à lui que l'on demandera de diriger l'entraînement des hommes de la mission : les dirigeants de la rébellion congolaise avaient spécifié qu'ils voulaient des instructeurs noirs. « Quand on me l'a présenté, vraiment j'ai été incapable de le remettre. La prothèse placée dans sa mâchoire transformait beaucoup sa voix. J'essayais bien de coller des noms à ce visage, mais jamais je n'ai pensé au Che. Ce n'est qu'au moment de sortir qu'il m'a dit "Je suis le Che". Ça m'a fait un sacré choc. » L'annonce faite à Victor. Sur ce même modèle, suivront les annonces à l'ambassadeur de Cuba à Dar es-Salam, Pablo Rivalta ; à Eduardo Torres, un des cadres de l'expédition, puis au docteur Rafael Zerquera, et enfin à un dirigeant rebelle congolais, Godefroi Chamaleso, sans que l'on semble jamais devoir se lasser de l'effet de surprise. Plaisir dédoublé par la photographie : depuis qu'en 1987, Fidel Castro a décidé de rendre publique l'expédition cubaine au Congo, jusqu'alors tenue secrète, quelques photographies des préparatifs d'avant le départ circulent. Elles nous montrent un Che que l'on achève de raser ; puis glabre, cravaté et gominé, savourant le premier havane de sa nouvelle identité. Fidel Castro, quant à lui, vérifie la crédibilité des faux papiers. Le Che sera bientôt Ramon, le temps du voyage, avant de se baptiser lui-même Tatu, *trois* en Swahili, la langue véhiculaire de l'est africain.

Autant d'insistance à dire et montrer ce qui n'est qu'un grimage prouve toute l'importance symbolique de ce qui se joue là, aussi bien pour l'Argentin que pour les Cubains. Ils

---

Double page suivante : **un portrait après cette première métamorphose. Photos Oficina de Asuntos Historicos, La Havane, 1965.**

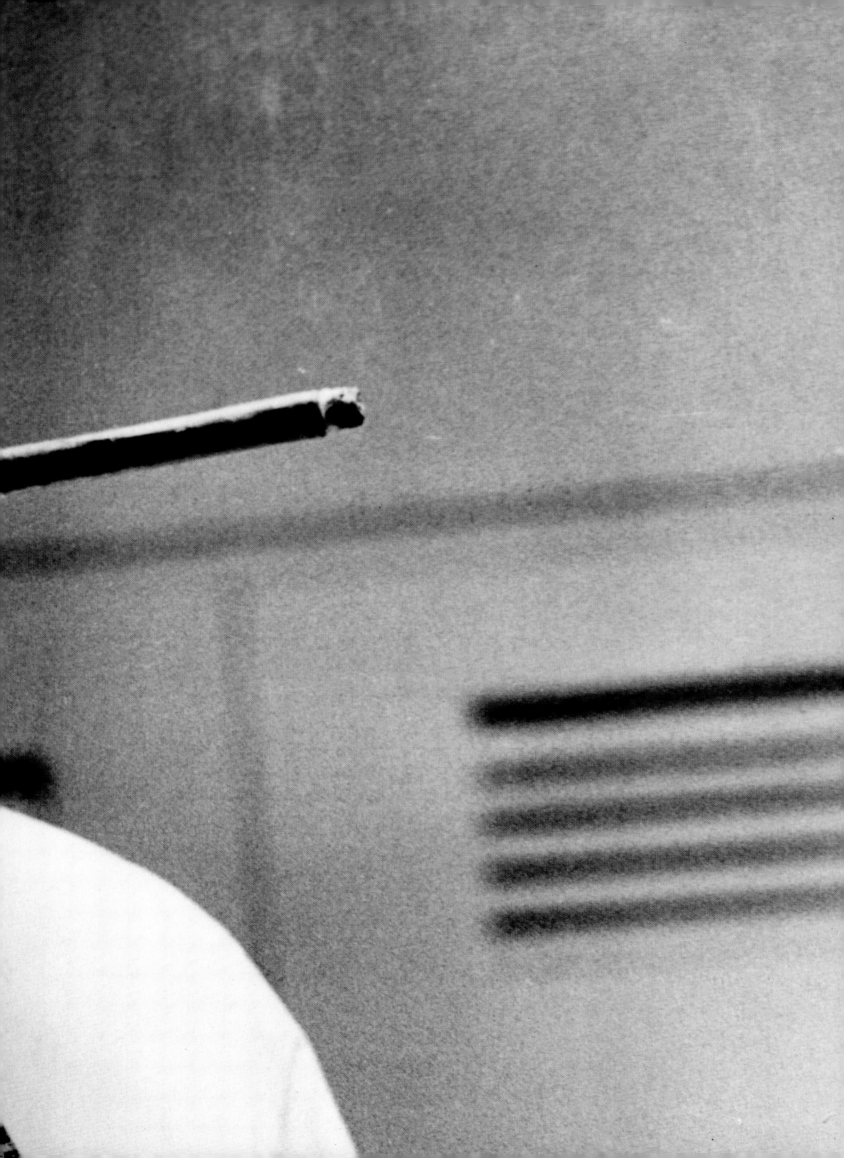

cassent une image déjà devenue un des symboles de la révolution cubaine, le Che, pour la remettre en jeu sur un autre territoire, celui-là inconnu. Et chacun de goûter aux risques que comporte cette métamorphose, ce nouveau départ. « Pour la majorité d'entre nous, avoue Victor Dreke, c'était le premier voyage hors de l'île. Tout ce que je connaissais de l'Afrique tenait dans mes lectures des aventures de Tarzan, où Cheeta le singe apparaissait comme beaucoup plus intelligent que les indigènes. »

LA TRAVERSÉE

Une fois les identités bouleversées, il faut trouver un sas pour entrer dans l'autre monde. Depuis José Marti, les Cubains sont de fervents adeptes des traversées nautiques périlleuses…

« On a bien failli leur tirer dessus », se souvient Ernest Ilanga, qui attend ce 24 avril 1965, avec d'autres rebelles congolais, l'arrivée annoncée d'une équipe d'instructeurs cubains dans le petit port naturel de Kibamba. « Leur moteur, plus puissant que les nôtres, faisait le même bruit que ceux des gardes ennemis qui patrouillaient sur le lac. La nuit était profonde, il y avait pas mal de confusion. »

Dans la petite barque qui emmène les quatorze premiers Cubains dans leur traversée de l'immense lac Tanganyika, qui sépare la Tanzanie du Congo, la panique est proche. À force de longs détours, ils ont pu éviter de croiser les bateaux ennemis (mieux armés), mais le cap est perdu. Impossible de s'orienter dans cette nuit sans étoile. L'eau pénètre par une fissure de la coque, et le vent s'est levé. « Ce n'est pas un lac, c'est une mer ! » s'étonne encore Victor Dreke, ou plutôt Moja (*un* en Swahili) suivant son nouveau nom de code. Guevara le présente comme le chef du groupe, lui-même n'étant que Tatu, numéro trois, humble médecin-interprète convoqué pour sa connaissance du français. « Des vents de force 3 ou 4, poursuit Dreke, et cette barque…

Ci-dessus : **Le premier goupe de Cubains lors de la traversée de la Tanzanie, en avril 1965. Le chef officiel de l'expédition, Victor Dreke, est le quatrième homme à droite du Che (chapeau blanc). Lequel est entré sur le territoire incognito, sans prévenir les autorités tanzaniennes. Oficina de Asuntos Historicos, La Havane.**
À droite : **Victor Dreke, La Havane, 2002.**

on passait notre temps à écoper. Les Congolais, eux, parlaient fort. Quand on leur a demandé de faire moins de bruit, ils se sont mis à chanter. Peut-être l'habitude… » Premier acte d'une longue incompréhension, qui allait durer sept mois. Enfin débarqué et après une courte sieste, Guevara fait la connaissance des officiers rebelles présents. Le plus sérieux d'entre eux en arrive très vite à évoquer la *dawa*, potion magique qui protège des balles ennemies, lesquelles retomberaient sans force aux pieds des combattants. L'Argentin pense d'abord à une métaphore, avant de se rendre à l'évidence : ce n'est pas seulement un lac qu'il vient de traverser… Neuf mois plus tard, en janvier 1966, à l'ambassade cubaine de Dar es-Salam, il écrit les mémoires de l'expédition, *Passages de la guerre révolutionnaire : le Congo* : « Cette *dawa* se révéla plutôt dommageable pour la préparation militaire », conclut-il dans un premier effort de résistance cartésienne. Il faut imaginer un Guevara expliquant les tactiques de la guerre de guérilla à Astérix le Gaulois. Celui-ci l'écoute poliment, avant de tendre à l'Argentin sa gourde remplie de potion magique.

Ci-dessus : **Couverture d'un album des aventures de Tarzan, La Havane, 1948. Les enfants remplissaient l'album avec les vignettes que contenaient les boîtes de biscuits « La Gloria ».**
À droite : **Un peintre à Kigoma, ville sur la rive tanzanienne du lac Tanganyika, d'où partira le groupe pour rejoindre Kibamba au Congo. Kigoma, 2002.**

LA DAWA

La *dawa* est aussi appelée mayi, qui vient de *maji*, *eau* en swahili. Eau magique dont s'aspergent les soldats avant de partir au combat. Le mot *mayi* apparaît dès 1964, lors de la prise par les troupes mulelistes des villes de Fizi et Uvira, les plus importantes du Sud Kivu. Mulele est l'ancien ministre de l'Éducation de Lumumba, et c'est autour de lui que s'organise la résistance depuis l'assassinat de l'ancien Président. On parle alors de Mulele Mayi.

« Je me suis engagé auprès des Mulele Mayi début 1964, se souvient Ernest Ilanga. J'avais alors quinze ans, aucune formation politique mais beaucoup de curiosité pour ces combattants que l'on prétendait invulnérables aux balles. Les Mayi ne savaient que faire d'un gosse comme moi, armé d'un simple bâton de bois. Ils m'ont offert au groupe des Rwandais. Il faut dire qu'à cette époque, l'opposition entre Tutsis et Hutus existait déjà au Rwanda voisin. Des Tutsis réfugiés au Congo s'étaient engagés auprès des Mulele Mayi. Ils formaient une troupe à part, commandés par Mudandi. En me voyant arriver, celui-ci a fait la moue, disant qu'il ne "voulait pas d'une mouche sur le lait"! Tous étaient très fiers, refusaient de se mélanger aux Congolais. J'ai menti, prétendu que ma mère était rwandaise. Ils ont fini par m'engager, avant de se débarrasser de moi à la première occasion: Mitoudini, un chef rebelle congolais, ne parlait pas Swahili, et j'ai été de nouveau offert, cette fois comme traducteur. C'est à cette époque, début 65, que nous avons installé une nouvelle base à Kibamba, puis que les Cubains sont arrivés. Et me voilà offert de nouveau, encore comme traducteur, à ce blanc au sourire ironique qui me semblait plutôt antipathique, Tatu. À croire que personne ne voulait de moi. »

Lequel Tatu, alias le Che, l'accueille avec toute la bienveillance dont il est capable. Mais il semble bien mal renseigné sur le passé des troupes qu'il doit former. Dans le récit qu'il tirera de l'expédition, le mot mayi ne viendra jamais sous sa plume.

Ci-dessus et à droite: **Étals de poudres et morceaux d'écorces destinés à la préparation de la *dawa*. Kalémie (Nord Katenga), Congo, 2002.**

KABILA

Kalémie, petite ville congolaise au bord du lac Tanganyika. Dans l'avenue centrale, qui longe la rive du lac, se croisent des « vélos-taxis » au porte-bagages rembourré, seul moyen de transport de la ville. Ils s'écartent parfois pour laisser place à des vaisseaux lunaires, immaculés et climatisés : les grands 4x4 de la MONUC, Mission d'observation des Nations-Unies au Congo. C'est qu'après quelques années au pouvoir, de 1997 jusqu'à son assassinat par un de ses gardes du corps en janvier 2001, Laurent-Désiré Kabila laissait le pays dans le chaos.

Nous y avons rencontré Didier Simissi, qui a vécu la rébellion de 1965 comme opérateur-radio à la base de Luluabourg, près de Kibamba. Il avance une explication sur l'incompréhension de Guevara : « Kabila, le chef du front oriental de la rébellion, n'a jamais voulu entendre parler des Mulele Mayi. D'abord parce que Mulele lui faisait de l'ombre, et ensuite parce qu'il n'a jamais cru en la *dawa*. Lui ne parlait que des Forces armées populaires (FAP). » Appellation plus orthodoxe, il est vrai, quand on cherche à s'attirer l'aide financière de pays socialistes.

Guevara, parti tendre une main secourable à ce qu'il croit être une armée de libération nationale, se retrouve donc au milieu d'hommes doublement divisés, entre des oppositions ethniques et des querelles de chefs. Seul élément fédérateur : la magique *dawa*, si « dommageable pour la préparation militaire »…

Oscar Fernandez Mell, médecin et compagnon de la première heure puisqu'il luttera auprès du Che dès 1958, arrive en août 65 en Tanzanie, cherchant à rejoindre le groupe de Cubains. Il rencontre Kabila à Dar es-Salam. « J'ai été surpris de le voir sillonner la ville en Mercedes, entouré de superbes femmes, se rendant d'un lieu de plaisir à un autre. Durant le long entretien que j'ai eu avec lui, il n'a pas prononcé une seule fois le mot *révolution*. En fait, les infor-

---

Ci-dessus : **Voiture de Mission d'observation des Nations-Unies au Congo, Kalémie, 2002.**
À droite : **Dessin dans la boutique d'un coiffeur, Kalémie, 2002.**

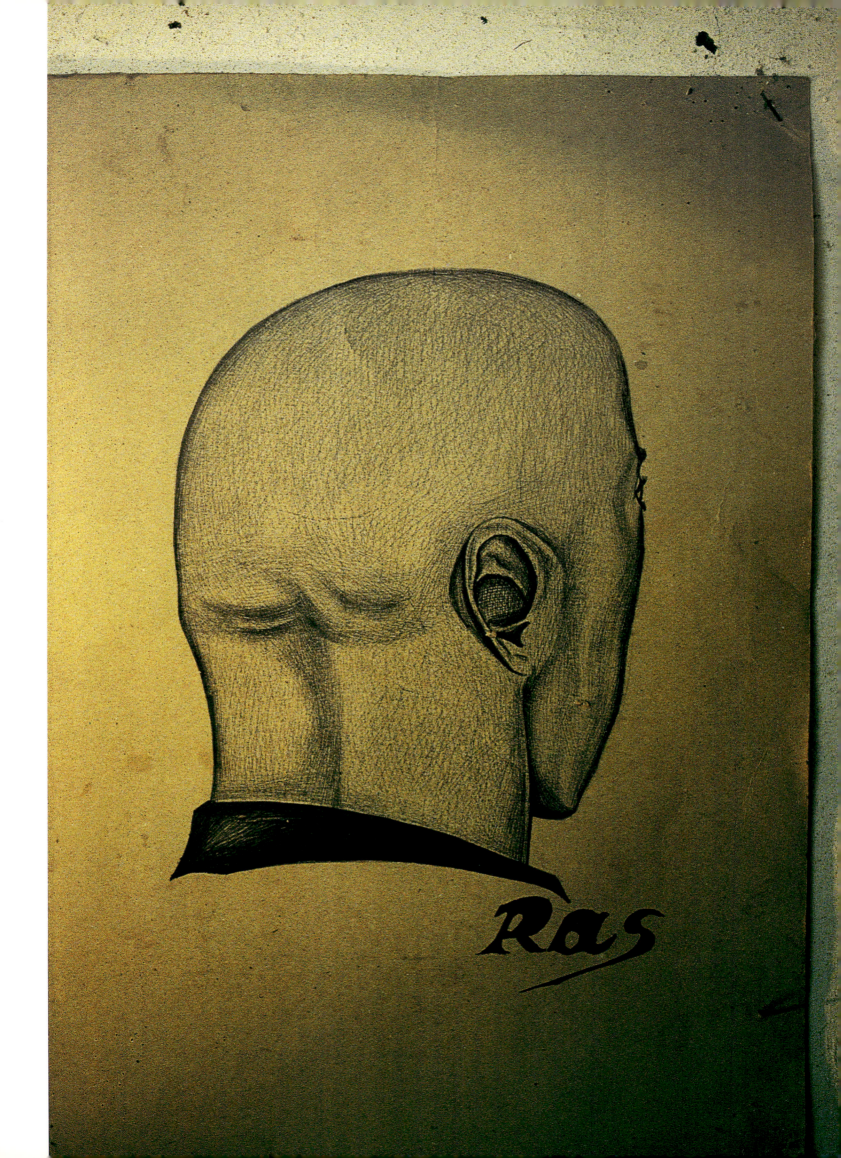

mations que Kabila avait données au Che, et qui l'avaient décidé à partir, étaient toutes fausses ou très exagérées. Les combattants étaient beaucoup moins nombreux que les chiffres avancés, et pour la plupart des paysans. Les dirigeants rebelles avaient rapidement passé un vernis révolutionnaire sur ce qui n'était que des divisions ethniques. Kabila lui-même ne pouvait se rendre dans certains groupes rebelles : il n'en serait pas ressorti vivant. »

On comprend dès lors que le Che préfère rester à Dar es-Salam, ou même à Kigoma, le port qui fait face à Kibamba, sur la rive tanzanienne du Lac. Kigoma, une petite ville paisible, attentive aux grands manguiers centenaires qui recouvrent son centre d'une ombre fraîche, permanente invitation à la sieste. Charmes auxquels Guevara semble peu sensible : « Cette localité était un refuge où les plus chanceux pouvaient venir s'installer, en marge des vicissitudes de la guerre. L'influence néfaste de Kigoma, ses bordels, ses bars, et surtout son caractère de sanctuaire sûr, n'était pas suffisamment pris en compte par le commandement révolutionnaire. » Lequel commandement faisait preuve de moins de sévérité. Tout comme à Dar es-Salam où il a longtemps trouvé refuge, Laurent-Désiré Kabila y a laissé le souvenir d'un fidèle supporter de l'équipe de football locale, pilier de bar impénitent et grand amateur de l'amour rétribué. On ne peut pas vraiment parler de repos du guerrier, puisqu'il semble bel et bien fuir la zone de combat.

S'il fallait citer tous les extraits des *Passages de la guerre révolutionnaire* ou Guevara attend Kabila à la base de Kibamba, on en viendrait à faire de lui un héros beckettien. Et Kabila ne viendra pas, ou si peu : une visite de cinq jours, avant de s'en retourner vers ce havre de paix que méprise tant le guérillero, Kigoma. Sans doute Kabila craint-il aussi que Guevara ne lui reproche l'état de totale désorganisation et le peu de motivation révolutionnaire de ses troupes, lui qui dressait un tableau idyllique de son armée, dans le but de s'attirer l'aide des pays frères. La désillusion est en effet rapide, et le jugement du Che amer : « La caractéristique fondamentale de l'Armée populaire de Libération était d'être une armée parasite qui ne travaillait pas, ne s'entraînait pas, ne luttait pas, exigeait des habitants qu'ils la ravitaillent, parfois avec une dureté extrême. »

Ci-dessus : **La Lumumba Road a été rebaptisée Central Avenue. Kigoma, 2002.**
À droite : **Kalémie, 2002.**

Ci-dessus : **Publicité pour la bière nationale congolaise dans un bar de Kalémie, 2002.**
À droite : **Un commandant de l'armée pro-rwandaise du RCD (Rassemblement pour un Congo démocratique), près de Goma (Nord-Kivu), 2002.**
Double page suivante, à gauche : **Dans les champs de bananes du Nord-Kivu, 2002.**
Double page suivante, à droite : **Guevara lisant à la base de Luluabourg, 1965. Oficina de Asuntos Historicos, La Havane.**

OCCULTÉ

Les photographies de l'expédition africaine sont rares. Celles que les autorités cubaines ont rendues publiques, une petite quarantaine, nous parviennent après plusieurs générations de reproductions. Copies de copies, d'où leur très médiocre qualité technique. Images comme rescapées d'une trop longue occultation, ce qui ne fait que renforcer le halo de mystère qui a longtemps entouré l'aventure.

On y voit un Che isolé du reste du groupe, lisant parfois, souvent fumant. Voilà qui colle parfaitement à l'image du beau guerrier solitaire, perdu dans des méditations d'ordre métaphysique, cette image qu'a retenue (ou forgée) le monde occidental. Guerrier contemplatif, homme d'action inspiré des muses…

Exactement le visage qu'il se reprochera d'avoir offert durant l'expédition. « Mes deux faiblesses fondamentales ont trouvé de quoi se satisfaire au Congo : le tabac, qui m'a très peu manqué, et la lecture, qui fut toujours abondante. » Et plus loin, à propos de cette lettre lue en public par Fidel Castro (lettre qui signait la mort politique de Guevara à Cuba, celui-ci y faisant ses adieux à son pays d'adoption) : « Elle a fait que les camarades voient en moi, comme il y a bien longtemps, quand j'ai commencé dans la Sierra, un étranger en contact avec des Cubains ; à cette époque, celui qui arrivait, et à présent, celui qui partait. »

Premier d'une longue série de malentendus entre le Che et sa propre image. La solitude est bien là, mais douloureuse. Son impuissance devant l'incurable désorganisation de cette « armée rebelle », puis le sentiment d'avoir été lâché par Castro, enfin l'annonce du décès de sa mère, font de ces longues lectures autant de refuges loin d'une réalité plutôt déprimante.

Une série d'images nous le montre devant un tableau noir improvisé, où l'on a déployé une grande carte du Congo. Le professeur Tatu ne fait pas mystère de ses objectifs : c'est l'ensemble de cet immense pays qu'il faudra un jour occuper, quand, par ses avancées, la troupe aura rejoint le front occidental, dirigé par Mulele. En réalité, il mettra plusieurs mois avant de mettre un pied hors de la base de Luluabourg, qui domine Kibamba à 1800 m d'altitude. Et encore doit-il cette excursion à sa désobéissance : dès que Kabila apprend sa présence sur le territoire congolais, il demande au Che de ne pas se déplacer sans son accord, ni de dévoiler sa véritable identité.

Le Che s'est perdu, piégé dans la peau de ce Tatu. Malade parfois au point que l'on peut craindre pour sa vie, condamné à un rôle d'observateur impuissant devant une décomposition accélérée.

Ci-dessus et à droite : **Guevara à la Base de Luluabourg, 1965. Photographies Oficina de Asuntos Historicos, La Havane.**

FORCE BANDERA

Le premier combat contre l'armée de Tshombé est programmé pour la fin du mois de juin. Guevara pressent un échec — mais ne peut que « déconseiller fortement » cette attaque de la centrale hydroélectrique de Force Bandera, très bien protégée. Les faits lui donneront raison : elle se solde par vingt-deux morts du côté rebelle, et la centrale n'a cessé de fournir de l'électricité à Albertville (aujourd'hui Kalémie) que durant quelques heures.

Les plus expérimentés des Cubains se mettent eux-mêmes alors à douter. Catalino Olachea, alias *Mafu*, solide gaillard à qui Guevara confiera ensuite le « front de Force », perdra ce jour-là quatre de ses compagnons. « À notre départ, Fidel nous avait prévenus que cinq années seraient nécessaires pour une révolution au Congo. Je me suis dit qu'à ce rythme, tous les Cubains allaient y passer. »

Quelques mois s'écouleront, apportant leur lot de défaites et de désillusions, mais le Che n'abandonne pas. Malgré les désertions, les demandes de plus en plus pressantes de ses compagnons d'abandonner la lutte, malgré les signes évidents qu'ils se dirigent droit vers un désastre. Oscar Fernandez Mell est de ceux qui tentent de lui faire entendre raison. « Nous avons eu de longues conversations. Je tentais de le convaincre du manque de perspectives de cette aventure, mettais en avant le découragement de nos troupes…

Ci-dessus : **La ligne à haute tension qui relie Kalémie à la centrale hydroélectrique de Force Bandera. Kalémie, 2002.**
À droite : **Catalino Olachea, alias *Mafu*, La Havane, 2002.**

Lui me répondait que les guérillas ne "prennent" pas tout de suite, que ce sont ces premiers mois les plus difficiles, comme l'avait montré l'expérience de la Sierra Maestra. En fait, il était seul. C'est lui qui portait tout, avec son courage et son ascendant moral. Impossible pour lui de se retirer aussi vite. Le prestige de la révolution cubaine était en jeu, et son prestige personnel aussi. Il fallait durer le plus longtemps, tenter de nouvelles réorganisations, envoyer de nouveaux instructeurs dans chaque coin de la région. Mais que pouvaient quelques instructeurs cubains perdus dans mille kilomètres de front ? Ce pays est immense, et nous n'étions que cent vingt. Autant dire une goutte d'eau. »

Fin septembre, alors que l'armée ennemie fait tomber une à une leurs positions, le Che envoie une longue liste d'instructions à Dreke, alias *Moja*. La seizième et dernière demande à son chef d'état-major laisse perplexe, tant elle semble surréaliste dans un tel contexte :

« 16 - Des objets pour mon usage personnel. J'ai besoin des textes de l'Iliade et de l'Odyssée, d'un cahier pour le swahili, du livre et d'un cahier pour le français, de papier, d'enveloppes, (…) ».

Il y a parfois, chez Ernesto Guevara, un détachement qui touche au sublime.

Guevara à la base de Luluabourg, Congo, 1965. Dans sa volonté de laisser la direction des opérations aux dirigeants congolais, il est condamné à un rôle de simple instructeur. Oficina de Asuntos Historicos, La Havane.

Photographies tirées d'un film de l'armée congolaise, tourné lors de l'attaque de la centrale hydroélectrique de Force Bandera en juin 1965. Ce premier affrontement avec l'armée de Tsombé se transforme vite en déroute pour les rebelles : on compte vingt-deux morts (dont quatre Cubains) et une soixantaine de blessés.

INTERPRÈTE

Il est temps de retrouver le point de vue des « frères de combat » congolais, et plus particulièrement celui qui partage la même hutte, son professeur de swahili, Ernest Ilanga. « Mitoudini m'avait prévenu : ce blanc c'était le Che, et je devais manger, dormir, mourir s'il le fallait auprès de lui. Sous peine d'être fusillé. Moi, avec toutes ces menaces, je me demandais qui pouvait bien être ce Che. Je regrettais déjà mon poste précédent, d'autant que j'avais pas mal d'aversion pour les blancs. Encore enfant, j'étais le goal de l'équipe de foot des Wallons de Bujumbura. Nous n'étions que deux noirs au milieu des petits Belges. Les deux seuls à devoir rester dans le hall d'entrée, quand le capitaine invitait l'équipe à fêter une victoire chez ses parents ; les deux seuls à attendre qu'un copain vienne nous apporter une part du gâteau. Et encore, il nous était interdit de toucher le plat de la main : nous l'aurions sali. Je croyais qu'on en avait fini une bonne fois pour toutes avec ces blancs, depuis l'indépendance. Alors, voir débarquer celui-là… D'autant qu'il a commencé par faire des allers-retours quotidiens entre le port de Kibamba et la base de Luluabourg. Escalade le matin, descente le soir. Exténuant. Je passais mon temps à l'insulter intérieurement. "Ce blanc de merde ne doit pas avoir de montagne chez lui, pour aimer tant l'escalade. Et en plus il se parfume la bouche." Il m'a expliqué ensuite qu'il se vaporisait un médicament contre l'asthme. Dans le quotidien, il ne se montrait jamais autoritaire. Il faisait toutes les petites tâches ménagères sans rien dire — comme ramasser du bois pour le feu, aller chercher de l'eau fraîche. Le respect dont les Cubains l'entouraient, sa façon de ne jamais extérioriser ses sentiments, de lire en silence des heures durant, à la lumière de la lampe-tempête, tout cela mettait comme une tension autour de lui. C'était à nous de décrypter l'exemple qu'il donnait, et de le suivre. Il a fini par gagner ma sympathie. Un soir, il m'a proposé de partager son hamac — sinon c'était la terre humide qui m'attendait. Nos têtes se sont cognées toute la nuit, et nous avons vraiment mal dormi, mais il avait été le seul à s'inquiéter de mon sort. »

Ernest Ilanga, qui était le traducteur et le professeur de swahili de Guevara durant l'expédition congolaise. La Havane, 2002.

MAIS AUSSI SORCIER

« Un garçon intelligent », jugera Guevara, pourtant peu enclin aux compliments. Ce qu'il ignore, c'est que depuis la défaite de Force Bandera, son jeune professeur et interprète a été désigné par les Congolais comme leur nouveau *muganga*. C'est-à-dire sorcier. C'est à lui que revient la tâche — risquée, son prédécesseur en a fait la douloureuse expérience — d'appliquer la *dawa* à ses frères d'armes. « Il fallait d'abord préparer une infusion avec certaines herbes et racines de la forêt, dans une grande casserole. Ensuite je prenais une touffe d'herbe qui me servait à enduire chaque combattant en prononçant cette phrase : *Mulele Mayi, Mulele Mayi, que les balles se transforment en eau*. Ensuite, je traçais une petite incision au rasoir sur le front du soldat, avant de le recouvrir d'une croix dessinée avec de la poudre noire. »

« Il y avait environ cinq cents combattants au poste que je dirigeais, se souvient *Mafu*, et avant de partir pour une embuscade, il y avait une longue queue devant la casserole du *muganga*. Cela prenait des heures. Quand tout le monde était enfin prêt, il était parfois trop tard pour lancer une opération sérieuse. » Victor Dreke se montre plus conciliant : « On a souvent dit que les Congolais prenaient la fuite dès qu'ils entendaient un coup de feu. C'est indéniable, mais s'ils couraient, c'était pour trouver au plus vite le sorcier et la protection de sa *dawa*. »

Mais le nouveau sorcier est pris d'une soudaine encéphalite. Il sombre dans le coma, alors que déjà de nombreux Cubains se font porter pâles dans l'espoir de fuir un front totalement désorganisé. Guevara : « Peu de temps après devait partir mon professeur de Swahili, Ernest Ilanga, que je considérais déjà comme un petit frère ; il avait eu plusieurs crises d'épilepsie et les médecins soupçonnaient une tumeur possible des centres nerveux supérieurs. Masengo (le chef d'état-major congolais) m'expliqua que non, que c'était un cas relativement simple, disons qu'il était habité par les esprits ; les médecins locaux le soigneraient à Kigoma, au lieu de Dar es-Salam où le traitement, ou tout au moins le diagnostic, aurait été recommandé. »

Le Che insistera pour porter lui-même la civière qui descend le corps inerte vers Kibamba. Le « petit frère » l'apprendra à son réveil, et s'il se permet aujourd'hui quelques impertinences à l'égard de l'aîné, c'est qu'il souhaite le faire redescendre du socle de marbre que d'autres lui ont construit, peu commode pour les effusions. Après avoir terminé la guerre comme « passeur » sur le Lac, Ernest Ilanga fera le voyage vers Cuba. Ordre de Guevara. L'interprète-sorcier reprend ses études, et à trente ans, enfile pour la première fois ses gants de neurochirurgien à La Havane.

UN CHE CONGOLISÉ

Pas plus que Ilanga, les soldats congolais ne connaissaient le mythe vivant qu'était déjà le Che. Seuls quelques rares dirigeants avaient conscience de son importance politique, et encore aujourd'hui, loin de tous les circuits d'information, les simples soldats ne savent toujours pas qu'ils ont lutté avec une légende. Ou en tout cas, s'il y a bien légende, c'est à la mesure de ce continent magique…

À Kigoma, nous avons retrouvé plusieurs de ces anciens rebelles congolais, réfugiés dans la ville tanzanienne depuis la déroute de novembre 1965. Les trente-sept années qui nous séparaient des faits, le manque d'écrits sur lesquels peut s'appuyer la construction d'une mémoire, tout cela rend ces témoignages parcellaires, leur chronologie souvent incertaine. D'autant que tous partagent le sentiment que le passage des Cubains était plutôt anecdotique dans l'histoire de leur combat. Octogénaire à l'œil vif, Husseini le premier nous reçoit dans sa case, où il vit seul, aidé par ses enfants. Il commandait, en alternance avec son ami André Joas, les troupes congolaises basées à Luluabourg. « Che Guevara ? Non, je ne connais pas… ». En revanche, un portrait du Che aperçu sur la couverture des *Passages* provoquera un immédiat : « Ah, Tatu, le commandant Tatu. C'était lui le stratège, il dessinait les plans des attaques que choisissait Kabila. Un expert pour démonter et remonter tous les différents types d'armes. »

Bien que fragmentaires, tous les témoignages que nous avons pu recueillir s'accordent sur quelques points précis. La nourriture tout d'abord, et son partage, point central de la vie communautaire africaine. Le Che était très égalitaire, et c'est même ce qui semble avoir le plus marqué les combattants congolais, habitués à une distribution des vivres plus hiérarchisée. « Il était bon avec les soldats, poursuit Husseini, savait partager. Ce qui restait d'indivisible après la distribution, il demandait qu'on n'y touche pas, et même parfois il le jetait ! Au début cela nous a choqués, mais on a ensuite compris qu'il y avait entre eux une solidarité très forte. Et ce commandant qui partageait la même ration que le soldat de deuxième classe… En plus il s'est vraiment adapté : quand il n'y avait plus rien à manger, il partageait notre lézard ! Mais il fallait aussi se méfier de lui. Par exemple il prétendait qu'il ne fallait pas avoir peur des avions, qu'il ne fallait pas fuir à leur approche, et les avions nous tiraient dessus ! Lui savait se rendre invisible, et une autre fois, il a prétendu que nous aussi l'ennemi ne pouvait pas nous voir… et l'ennemi nous a encore tiré dessus ! C'était de la traîtrise ! » On retrouve la trace de ces accusations dans les *Passages*, les mémoires congolaises du Che, où il note à propos des différentes médisances qui courent sur son compte vers la fin de l'expédition, en octobre 1965 : « Des infamies de ce genre étaient la spécialité de gens comme le commissaire Bendera Feston, le commandant Husseini et d'autres individus qui ne valaient pas mieux. »

Le commandant Husseini, qui dirigeait les troupes congolaises de la base de Luluabourg avec André Joas. « Che Guevara ? Non, je ne connais pas. » Kigoma, 2002.

ANDRÉ JOAS

Nous trouverons une explication à ce vieux malentendu à la table d'André Joas. Lui a eu la chance de suivre des études secondaires avant de se trouver sur le front. « Je me souviens de l'épisode des avions. Les Cubains avaient plus d'expérience que nous des attaques aériennes, leurs sentinelles pouvaient les annoncer avant que nous n'entendions rien. Si bien que certains ont commencé à dire que les Cubains pouvaient prévoir ces attaques parce qu'ils étaient en relation avec l'ennemi. C'était faux évidemment, mais à cette époque, tout le monde était un peu perdu et disait n'importe quoi. Pour ce qui est de l'invisibilité, c'est vrai que Tatu avait des pilules qui le rendaient invisible à l'ennemi. »

Un asthmatique contraint de prendre régulièrement des médicaments, un guérillero spécialiste du camouflage... On retrouve facilement l'origine de cette croyance, largement partagée dans la mémoire africaine de Tatu. Un don d'invisibilité que Guevara aurait mis très prosaïquement à profit pour aller se ravitailler en vivres chez l'ennemi, avant bien sûr de les partager en toute équité. La boucle est bouclée !

Cette réappropriation par l'Afrique donne tout son sens à l'*avertissement* qui ouvre les *Passages* de Guevara. Lui qui s'était fixé comme but de provoquer « la *cubanisation* des Congolais », assistera finalement à une « *congolisation* des Cubains ». Il n'avait sans doute pas prévu qu'il serait le premier congolisé dans les souvenirs de ces rebelles.

Peinture sur la devanture d'un vendeur de bicyclettes, Kigoma, 2002.

André Joas est le seul des combattants que nous avons rencontrés qui ait évoqué le versant politique de leur combat. « Je suivais les cours que donnait Tatu. Il expliquait que le but était de donner le pouvoir au peuple, qu'il fallait associer les paysans à la lutte. Ça n'a jamais été le cas. Les soldats n'avaient reçu aucune instruction, pas même l'école primaire, et ils ne comprenaient pas ce que voulait Tatu. Dès que leur caporal n'était plus là, mort ou en déplacement, ils n'obéissaient plus à personne, et cherchaient à se procurer de la nourriture par tous les moyens. Les paysans avaient très peur d'eux. Et pas seulement les paysans, nous aussi. Nos propres soldats pouvaient devenir très menaçants quand ils avaient faim. Et c'est encore comme cela aujourd'hui dans le Kivu. Il suffit d'interroger les civils qui viennent se réfugier ici, à Kigoma… »

En effet, la région du Sud-Kivu, que contrôlaient les rebelles de 1965, était en 2002 occupée par une autre guérilla. Nous n'irons pas gloser sur l'histoire et ses bégaiements, mais il faut avouer que certains effets de miroirs laissent parfois un peu songeur.

André Joas, Kigoma, 2002.

LA SITUATION EN 2002

En août 2002, l'accès au Sud-Kivu était impossible : s'y croisaient différents groupes rebelles et forces régulières, aux motivations pour le moins contrastées. Pour simplifier, le conflit qui oppose depuis 1994 Hutus et Tutsis rwandais s'est peu à peu étendu dans tout l'est du Congo, ainsi qu'au Burundi voisin. Les Hutus avaient trouvé un refuge naturel dans les hautes collines forestières du Sud-Kivu, poursuivis par les armées burundaises et rwandaises. Enfin les troupes du RCD, mouvement « rebelle » composé essentiellement de Banyamulenge (congolais d'origine rwandaise) tentait d'en évacuer les Mayi Mayi. Ces nouveaux Mayi sont des groupes de « patriotes », paysans originaires du Kivu, qui prônent quant à eux le départ immédiat de toutes les troupes étrangères présentes sur le terrain. Sans oublier de nombreux soldats déserteurs isolés, qui survivaient grâce au racket des paysans. Autant dire que personne ne pouvait sérieusement prétendre contrôler cet enfer, long de cent cinquante kilomètres et large de soixante environ, où semblaient se cristalliser tous les déchirements que connaît la région des Grands Lacs depuis une décennie. Lesquels avaient déjà fait trois millions et demi de morts.

On pouvait également plaquer une autre grille de lecture pour comprendre ces conflits : les richesses minières de l'est du Congo sont immenses et quasi inexplorées, ce qui attire la convoitise de nombreuses multinationales. Celles-ci n'hésitent pas à alimenter certains conflits pour ensuite s'offrir l'exclusivité de l'exploitation de gisements. Si bien que l'on a pu parler des « diamants du sang », le trafic des pierres précieuses servant à alimenter les différents groupes en armes. Dans leur base de Kibamba, resté ce port stratégique où arrivent les ravitaillements en armes et en vivres (et où débarquait Guevara en 65), les rebelles Mayi Mayi marchent pieds nus sur d'énormes gisements à ciel ouvert de colombotantalite, aussi appelé coltan. Un supraconducteur rarissime,

---

Ci-dessus : **Tente dans un camps de réfugiés, Goma (Nord-Kivu), 2002.** Depuis que le conflit rwandais s'est déplacé vers l'est du Congo, des centaines de milliers de personnes ont dû fuir les zones de combat.
À droite : **Étalage d'un vendeur de vêtements d'occasion, Goma, 2002.**

nécessaire à l'industrie des téléphones portables. Moins bien organisés que leurs ennemis, les rebelles ne sont pas encore parvenus à tirer profit de cette ressource pour financer leur guérilla. Mais le RCD pro-rwandais est lui passé maître dans cette exploitation, forçant les populations civiles à recueillir le précieux métal, dans des conditions proches de l'esclavage. Elles sont les victimes toutes désignées de ces guerres sans fin, et ont massivement fui le Kivu pour se réfugier… à Kigoma, restée ce même « sanctuaire sûr ».

LES MAYI MAYI

Mais qui sont donc ces Mayi Mayi ? Autre unanimité parmi les anciens combattants interrogés : ils les considèrent comme leurs descendants directs, sortes de fils de guerre qui perpétuent la tradition. Certains sont allés rejoindre les jeunes dans les nouveaux maquis. Les quelques tranchées que le Che avait fait percer ont repris du service. Il avait d'ailleurs eu bien du mal à convaincre les Africains de prendre leurs pelles : une croyance locale prétend que seuls les morts creusent des trous pour se cacher.

Ce qui fait l'identité Mayi : le simple désir de paysans qui veulent continuer à cultiver leur terre, ce Kivu convoité pour ses richesses par tous les pouvoirs. Ils mènent une lutte totalement locale, enterrant leurs armes en période de paix pour redevenir paysans, les déterrant dès qu'une armée tente de venir les soumettre. Après une décennie de guerre, au gré d'alliances maladroites et de divisions entre chefs, leur identité est devenue trouble, fondue dans le grand chaos dans lequel est plongée la région. Reste le rituel de la *dawa*. Peut-être parce qu'il est difficile d'être à la fois guerrier et paysan, il leur faut passer par ce sas magique. Il est au cœur des récits des combattants d'hier et d'aujourd'hui, élément fédérateur et identitaire très fort, au point de leur donner leur nom

---

Ci-dessus : **Dessin de réfugié Mayi Mayi. L'agneau représente Joseph Kabila, président de la République démocratique du Congo. Il a succédé à son père assassiné en janvier 2001, Laurent-Désiré Kabila. Kigoma, 2002.**
À droite : **Des paysannes congolaises rentrant des champs. Sud-Kivu, 2002.**
Double page suivante : **Le cahier de stratégie militaire d'un jeune guerrier Mayi Mayi. Sud-Kivu, 2002.**

          (FP)   * Encerclement N/2
– Arrière-garde * Protection en profondeur de la direction ppale
          (FL)   * Harcèlet de freinage affaiblissant si l'N/2 vient
– Force spéciale : Protection PC
          (FS)   ex : Poursuite de l'encerclet décisif
  AP & PC   : Fixation des directions ppales.

III Coordination : 1) Tir
                   2) Dispersion
                   3) Déplacement
                   4) Concentration
                   5) Mouvements tournants

d) Administration – Logistique voir Coordinat° par le command
e) Comdt – Liaison : selon le terrain et les moyens

5.3 PHASE 2 : CONTRE-OFFENSIVE STRATEGIQUE

(a) Objectifs : – Anéantir une ou toutes les colonnes ennemies
               – Accroître les forces – Accroître le secteur contrôlé
               – Passer d'une phase stratégique primaire (campem
                 à une phase stratégique secondaire (contre offensiv
                 et acculer l'N/2 à une phase stratégique infé
                 (de l'offensive à la retraite ou repli)

(b) Stratégies : 1. Analyser si l'N/2 en progression peut être encerclé comp
                2. Sinon passer au harcèlement freinant et affa
                   lissant (l'isoler, l'affaiblir)
                3. Passer à l'encerclement d'une partie N/2 isolée
                   la FP) la plus stratégique (condition de réussite d
                   l'Ops de contre-offensive)

(c) Tactique (1) Manoeuvre

Schéma II (L'N/2 vient d'une seule direction) directe ppale.

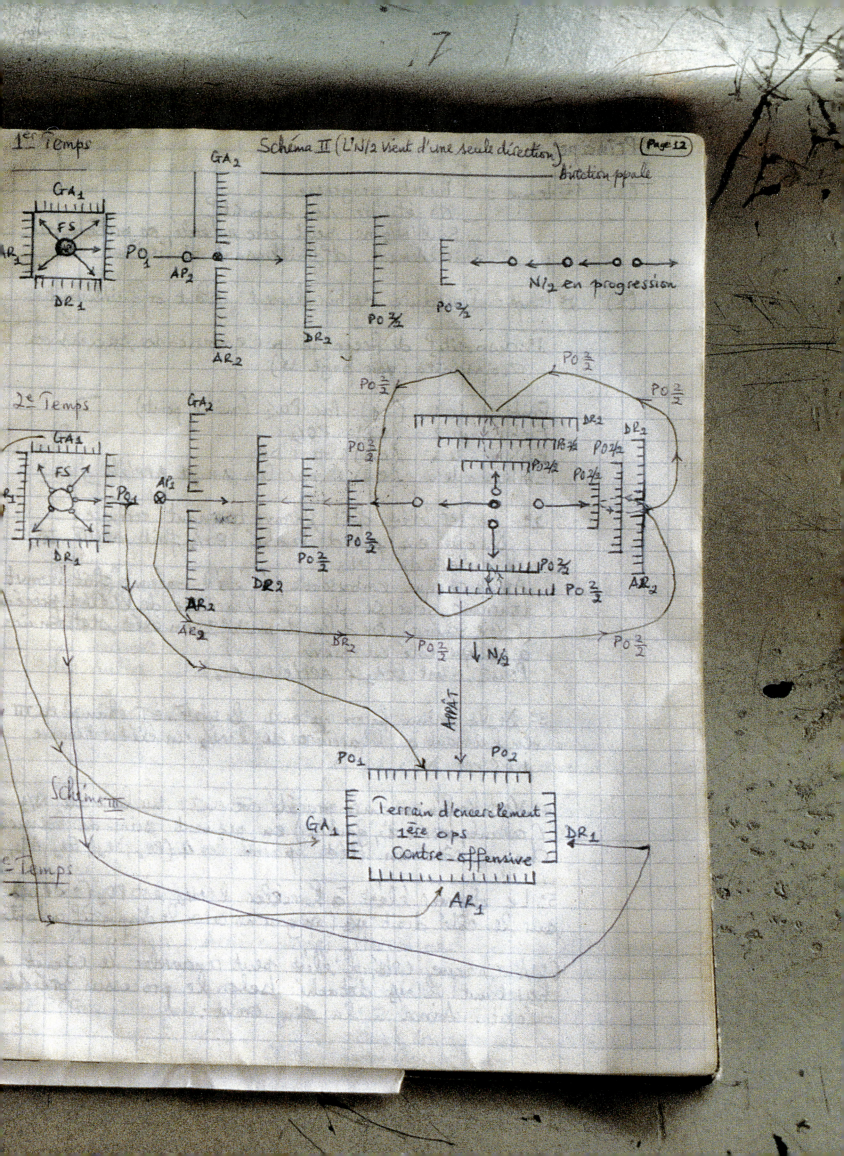

de combat. Les Mulele Mayi sont devenus Mayi Mayi, nom que l'on prononce en l'accompagnant d'un double geste de la main, comme pour s'asperger chaque épaule.

Si l'on demande aux anciens compagnons de Guevara ce qui était le plus efficace, de cette eau ou des armes et leçons tactiques des Cubains, la réponse fuse : la *dawa* bien sûr. « Les Cubains ? Nous avons commencé la guerre sans eux, avec nos lances et nos arcs, et nous la terminerons sans eux ! » Cette expédition au Congo est l'histoire d'une rencontre impossible, puisque dès le départ, les identités des deux parties étaient biaisées. Le commandant Tatu cherchant à organiser les Forces armées populaires congolaises est une double fiction qui prêterait à sourire si elle n'avait fait autant de victimes. Le Che et les paysans Mayi étaient invisibles l'un pour l'autre.

L'ABSENT

Le départ ou plutôt la fuite du Congo est douloureuse pour Guevara. « Durant ces dernières heures au Congo je me suis senti seul comme jamais je ne l'avais été, ni à Cuba ni en aucun point de mes voyages à travers le monde. Je pouvais dire : jamais comme aujourd'hui je n'avais à ce point ressenti combien mon chemin était solitaire. » Sept mois après leur traversée épique et chantante, les Cubains doivent retraverser le lac dans l'autre sens pour trouver refuge en Tanzanie.

Ses compagnons, heureux de quitter enfin cet enfer, feront plusieurs photographies de la traversée. Une image presque illisible nous le montre sur une barque, prêt à quitter le pays. Le Che est encore debout, semble se jouer du fragile équilibre de l'embarcation. Il tourne ostensiblement le dos au lac, à Kigoma la pacifique, ses bars et ses bordels, pour un dernier regard vers une terre en guerre qu'il ne quitte qu'à regret.

Ci-dessus : **Guevara à son départ du Congo, prêt à traverser le lac Tanganyika pour un retour à Kigoma, en novembre 1965. Oficina de Asuntos Historicos, La Havane.**
À droite : **Photographies du Che retrouvant les traits de Ramon, avant d'accoster incognito à Kigoma. Photo D.R.**

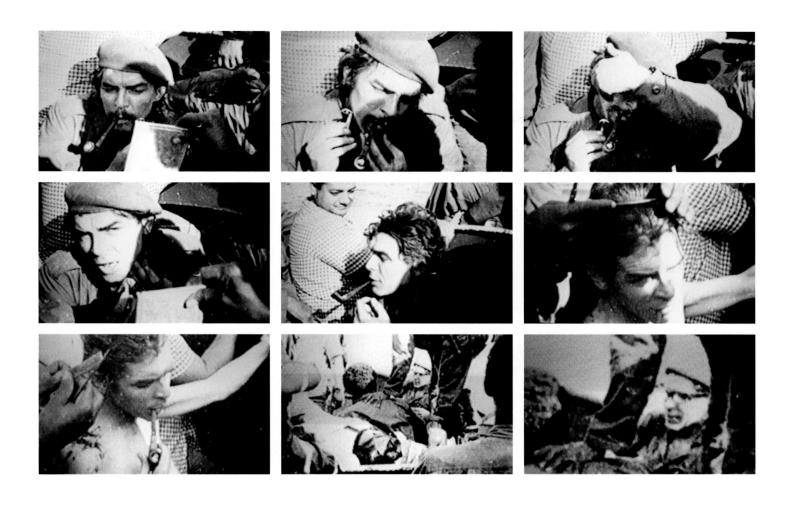

Malgré l'allure humble et dépenaillée, il garde cette rectitude d'apôtre proche de la lévitation.

Suit toute une séquence de rasage, puis de coupe des cheveux. Décidément, ce corps et ses métamorphoses fascinent ses compagnons. Le Che n'a pas le temps d'oublier Tatu qu'il redevient déjà Ramon, l'homme aux mille ruses qui doit échapper à ses poursuivants. Après tout, cet Ulysse dont il cherche à lire l'Odyssée s'est bien fait appeler Personne, le temps d'échapper au Cyclope mangeur d'hommes.

Tatu peut méditer sur l'universalité des valeurs de la Révolution, lui que les paysans Mayi ont rendu, dans tous les sens du terme, invisible. Parce que son échec n'est pas seulement militaire. Bien plus grave, Guevara a échoué sur le terrain de l'altérité. Il n'a pas su comprendre l'autre.

Personne. Et tout le monde à la fois. Durant cette période et sur la foi de vagues témoignages, certains journalistes rapportent les affabulations les plus diverses. Guevara est fou, interné dans un hôpital psychiatrique de La Havane; ou bien mort, enterré dans le sous-sol d'une usine de Las Vegas. D'autres le voient en Colombie, au Brésil, au Viêt-Nam, à Saint-Domingue et même à Zanzibar. C'est bien connu, la presse a horreur du vide. Et l'absence de Guevara va faire naître tous les désirs de récits. Rien de mieux pour alimenter le mythe.

Ci-dessus: **La barque chargée de Cubains à son arrivée à Kigoma, novembre 1965.** Oficina de Asuntos Historicos, La Havane.
À droite: **Coupures de presse des années 1965 et 1966, où Guevara est doué d'un don d'ubiquité.** Archives de l'*Humanité*, Paris.

l'aurore 9-6-65

MYSTÈRE A CUBA :
Mission spéciale pour Guevara le commis-voyageur de la révolution ?

FIDEL CASTRO a-t-il tué son ami « Che » Guevara, mystérieusement absent de toutes les manifestations politiques depuis le 15 mars dernier ? Ceux qui connaissent bien « Che » Guevara ne le croient pas.

A Cuba
« ERNESTO GUEVARA EST VIVANT »
déclare M. Fidel Castro

Depuis le 25 mars
6.6.
M. « CHE » GUEVARA N'A PAS ÉTÉ VU A CUBA

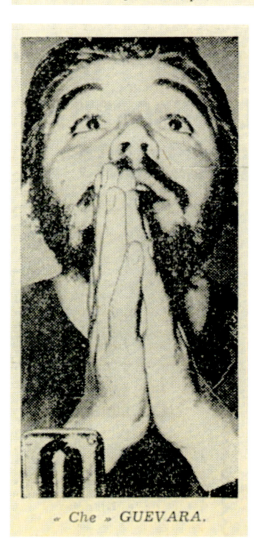

« Che » GUEVARA.

FIDEL CASTRO : *le Figaro 4-11-65*
CHE GUEVARA EST VIVANT
Il accomplit une mission révolutionnaire quelque part en Amérique

Selon le journal « la Prensa » de Lima
LE MONDE
M. ERNESTO GUEVARA SE TROUVAIT EN MAI 1965 AU CHILI *6/3/66*

Selon le directeur de la police de la province de Missiones
le monde 8.7.66
M. ERNESTO GUEVARA AURAIT RÉCEMMENT SÉJOURNÉ DANS LA RÉGION

Selon le ministre brésilien des affaires étrangères
LE MONDE
M. ERNESTO GUEVARA AURAIT ÉTÉ APERÇU à la frontière avec l'Argentine

Rio-de-Janeiro, 29 juillet (Reuter.) — M. Ernesto « Che » Guevara, ancien ministre cubain de l'industrie, aurait été aperçu à la frontière entre le Brésil et l'Ar-

MAIS OU EST DONC LE « CHE » ?
LE MONDE

10-5-66
L'INTERVIEW DE « CHE » GUEVARA EST PROBABLEMENT UN FAUX
LE MONDE
Lima, 9 mai (A.F.P.). — Il est totalement faux que l'ancien ministre cubain Ernesto « Che » Guevara ait été interviewé dans les Andes péruviennes par le journaliste italien Pablo Senise,

20-7-65
M. ERNESTO GUEVARA POURRAIT FAIRE SA RENTRÉE SUR LA SCÈNE POLITIQUE

BOLIVIE : LA LONGUE ERRANCE DES HOMMES NOUVEAUX

Au Congo, la mémoire de Tatu le magicien est bien fragile, portée simplement par quelques anciens. Pour le reste, à travers le pays, ni le nom ni l'image de Che Guevara ne provoquent la moindre réaction affective ou émotive. Et le voyageur importun, toujours questionnant, verra souvent le visage des témoins potentiels se figer dans une moue dubitative : « Che qui ? »

Pourtant, quand les militaires des armées dites régulières parlent des attaques qu'ils ont à affronter, on pense alors que la reconnaissance a peut-être pris d'autres chemins. Ce qui est décrit comme de fréquentes et lâches attaques par surprise ne sont rien d'autres que de très orthodoxes embuscades. Les Mayi Mayi mènent une guérilla de harcèlement, parfois avec des armes de fortunes (arcs, fusils quinquagénaires) en se retirant dès que le risque de perdre un homme devient trop grand. Les tranchées et postes de sentinelles creusés il y a trente-sept années ont repris du service… Tout semble donc indiquer que l'enseignement des « mousoungous » (blancs en swahili, ainsi que l'on désignait les instructeurs cubains) a, sur le plan tactique, été fidèlement transmis à la nouvelle génération. Voilà qui aurait sans doute beaucoup étonné Guevara, qui n'avait pas compris qu'en Afrique, tout discours importé doit d'abord passer par une lente digestion — sorte de rumination syncrétique — d'où il ressort prêt et paré pour une nouvelle utilisation.

Schéma bien différent en Bolivie, où avant même de poser le pied, le Che faisait déjà figure de mythe. Son passage allait d'autant plus profondément marquer le pays. Au point que, trois années après sa mort, soixante-quinze apprentis guérilleros, en fait des étudiants de La Paz, allaient redonner une éphémère seconde vie à l'Armée de libération nationale que l'Argentin avait créée, en 1967, sur les bords de la rivière Nancahuazu. Ils paieront très cher leur fidélité — sincère quoique trop livresque — au leader tiers-mondiste, et seuls six d'entre eux survivront à l'encerclement de l'armée bolivienne. Celle-ci gagnera dans cette opération un peu plus de légitimité pour affermir son pouvoir.

Hôtel Copacabana, où Guevara a passé deux nuits avant de rejoindre la base de Nancahuazu. La Paz, 2002.

Paradoxe : c'est à un hiérarque de l'armée bolivienne, le général Vargas, qui dévoilait en 1995 un secret qui allait fort à propos relancer les cérémonies du trentième anniversaire de la mort de Guevara : le corps de celui-ci reposerait le long de la piste d'atterrissage de Vallegrande. Si encore aujourd'hui, quelques historiens émettent des doutes sur l'identité du squelette découvert en 1997, une chose est certaine : l'événement a permis à la Bolivie d'exhumer un pan entier de sa mémoire collective, jusqu'alors enfoui sous plusieurs décennies de mutisme imposées par les régimes militaires successifs. Si un général parlait, alors… Récits et témoignages allaient fleurir, l'imagination permettant souvent de combler les oublis qu'un trop long silence avait fatalement creusés.

Chacun a connu le Che, ou a rencontré quelqu'un qui lui a parlé, lui a vendu du pain, l'a pris en photo. On vous montre la maison d'une ancienne qui l'aurait accompagné le temps de quelques pas de danse, on se signe en passant devant un autel dédié à « San Ernesto ». Dévotion… ou peut-être aussi précaution. Ici le Che a été trahi et assassiné, et les offrandes sont là pour apaiser son âme, que l'on évoque d'un geste flottant de la main, une ombre qui plane au-dessus des toitures de la Higuera, de Pucara ou de Vallegrande. À La Paz aussi certains sont taraudés par le sentiment d'avoir manqué leur rendez-vous avec l'histoire : le parti communiste bolivien ne s'est pas montré à la hauteur de l'enjeu. Après les avoir accusés de déviance, il « suspendait » les quelques membres qui avaient choisi de suivre Guevara, provoquant ainsi une rupture définitive avec la guérilla. Rupture lourde de conséquences, puisqu'elle isolait totalement le groupe, le ramenant à un face-à-face dérisoire devant une armée numériquement cent fois supérieure.

Les photographies des onze mois de cette expédition sont rares, et leurs propriétaires — souvent des militaires qui se les ont appropriées comme trophées de guerre — les gardent jalousement, ou discrètement. En revanche, les 9 et 10 octobre 1967, plusieurs photographes se sont pressés dans

---

Avenue du Prado, depuis l'hôtel Copacabana, La Paz, 2002.

SEGUNDO CAMUGLAGE

En este segundo proceso el Ché depiló parte de su cabello y peinó hacia atrás, eliminando el fino bigote y manteniendo el uso de espejuelos. El cambio es notable. — Con esta fachada entró en Bolivia.

le petit lavoir de l'hôpital de Vallegrande, alors que l'on exposait le corps du plus célèbre des guérilleros. Si bien que l'étape bolivienne semble tourner à l'obsession morbide. Même impression devant les témoignages : la plupart gravitent autour de cette exposition macabre, avant de s'étendre dans des détails aussi surréalistes que véridiques. Corps découpé, déchiré, fragmenté. On ne peut manquer d'y voir comme le signe avant-coureur du dépeçage symbolique qui allait poursuivre Guevara, encore aujourd'hui : à chacun son Che, jusqu'au porte-clef.

« LE HAUT »

La Paz ne flirte avec le tropique du Capricorne que par sa latitude. Atterrissant à El Alto, aéroport perché à 4 000 m d'altitude, le voyageur tente de réchauffer ses mains en les frottant contre sa chemise hawaïenne, et se souvient trop tard que la capitale andine est construite à peine plus bas, dans une cuvette où viennent crever des nuages essoufflés. Autour de lui, dans un cadre splendide, les sommets enneigés culminent à 6 000 m.

L'altitude donne également sa structure à la ville, qui se développe en suivant un dégradé social assez inédit. Depuis l'aéroport et jusqu'au centre, sur les flancs abrupts des montagnes, où l'oxygène est rare et les glissements de terrains fréquents, se regroupent les derniers arrivants de l'exode rural. En bas, vers 3 500 m, commencent les quartiers riches. C'est là que les nuages se dissipent en premier le matin, alors que les hauts quartiers restent parfois toute la journée sous une brume épaisse.

Guevara, le 3 novembre 1966, descendit à l'hôtel Copacabana, en plein centre ville. Hôtel de luxe qui convenait à son déguisement, Adolfo Mena, spécialiste uruguayen du développement rural mandaté par l'Organisation des États américains… dont Cuba avait été exclue quelques années auparavant.

Aujourd'hui, le voyageur pèlerin est dirigé vers la « suite nuptiale » 304 — la plus luxueuse et la plus chère de l'établis-

---

Avant d'atterrir à La Paz sous le nom d'Adolfo Mena, Guevara multiplie les escales pour brouiller les pistes. Il est alors Ramon Benitez, fonctionnaire cubain de l'INRA. Photographies D.R.

sement — qu'on lui certifie être celle qu'a occupée le Che durant deux nuits. Malgré ses efforts, il a bien du mal à imaginer qu'Adolfo Mena, pipe au bec et calvitie précoce, ait trouvé que la meilleure manière de passer inaperçu était de poser sa serviette d'homme d'affaires dans ce grand et douillet cocon pour lunes de miel. Persuadé que la dévotion trouve ses limites là où commencent les calculs hôteliers, le voyageur optera pour une chambre plus petite.

Les fenêtres de l'hôtel ouvrent sur le Prado, la bruyante artère principale de La Paz. Animation de toutes les capitales sud-américaines, avec ses concerts de klaxons, vendeurs d'*empanadas* (sortes de galettes frites remplies de viande, légumes ou fromage) ; sans oublier les *limpiabotas*, les cireurs de chaussures. Ceux-ci ont une particularité que l'on retrouve nulle part ailleurs : leur visage est caché par un passe-montagne, et leur regard par la visière d'une casquette. Collégiens ou lycéens, ils trouvent ainsi de quoi vivre, tout en échappant aux moqueries de leurs compagnons de classe. Pour que le déguisement soit efficace, ils doivent se changer entièrement avant de retourner à l'école, sans oublier les gants, protection contre des marques indélébiles que finit par laisser le cirage. Il n'y a plus de guérilla en Bolivie, un des pays les plus pauvres d'Amérique latine, mais les boulevards de La Paz sont comme hantés par ces adolescents sans visage, autant de « sub-commandante » Marcos déguisés en cireurs de chaussures.

LE DÉGUISÉ

Derrière une fenêtre de l'hôtel Copacabana, Che Guevara photographie Adolfo Mena, qui est assis sur son propre lit. On peut douter qu'il éprouve beaucoup de sympathie pour cet alter ego. Visage politique s'il en est, nécessaire pour passer les frontières incognito, mais qui porte aussi dans sa chair la clandestinité à laquelle Guevara est condamné. La lecture publique par Fidel Castro de sa lettre d'adieu à Cuba, peu avant son échec congolais, lui interdit désormais toute réapparition officielle sous les traits du Che.

Ci-dessus : « Limpiabotas » avenue du Prado, La Paz, 2002.
À droite : Un panneau préventif réalisé par une collégienne, « Infections respiratoires », La Paz, 2002.
Double page suivante : **Autoportrait à l'hôtel Copacabana, La Paz, novembre 1966. Agence Gamma.**

Photographie du Che en Adolfo Mena par Ernesto Guevara. Cela fait beaucoup de monde pour un autoportrait. Mais après tout, *je est un autre*, en construction. Dans la biographie qu'il lui consacre, Pierre Kalfon souligne comment, dès l'enfance, Guevara s'est construit autour d'un constant désir de dépassement de ses propres limites. La première d'entre elles est l'asthme, contre lequel il luttera toute sa vie. Et lui-même, dans une seconde lettre d'adieu adressée à ses parents, parle de cette volonté qu'il s'est poli « avec une délectation d'artiste ». Ce face-à-face devant le miroir n'est peut-être qu'un de ces combats de plus, qu'il mène en silence contre lui-même.

LA MAISON AU TOIT DE TÔLE ONDULÉE

De La Paz, il rejoint Nancahuazu après deux jours de route. Coco Peredo, dirigeant du parti communiste bolivien chargé de préparer l'arrivée de Guevara, y a acheté une petite ferme, *la casa de calamina* (la maison de tôle ondulée) qui servira de premier camp au groupe de guérilleros. « Aujourd'hui commence une nouvelle étape », note-t-il dans son journal. Il retrouve la chaleur et les épineux des contreforts andins, ouverts sur les basses plaines de la Bolivie orientale, qui s'étendent jusqu'en Argentine… La renaissance ne tarde pas, et le 12 novembre il note : « Mes cheveux repoussent, bien que clairsemés, et mes cheveux blancs deviennent blonds et commencent à disparaître ; la barbe est naissante. Dans deux mois, je redeviendrai moi-même. » C'est-à-dire le Che, barbe et béret à étoile. L'heure est à l'optimisme. Oublié l'échec congolais — l'Argentine est toute proche…

Trente-sept années plus tard, on arrive à Nancahuazu dans une carriole en bois tirée par un tracteur, ou dans un des rares camions qui ose affronter une dizaine d'heures de roulis, sur un chemin de terre défoncé.

L'ancienne ferme a été rasée depuis longtemps, et son nouveau propriétaire a cru bon de bâtir sur ses fondations, au milieu du champ qui l'entoure aujourd'hui, une structure de

---

La casa de calamina, Nancahuazu, 2002. Cette construction a été bâtie sur les fondations de l'ancienne fermette louée par les guérilleros.

bois recouverte de tôle ondulée, dans l'espoir d'attirer les touristes. Les projets de « route du Che » avaient en effet fleuri après le succès inattendu des célébrations du trentième anniversaire de la mort du guérillero, qui avaient regroupé à La Higuera plus de quatre mille personnes. Tour-opérateurs, guides et commerçants ont dû vite se rendre à l'évidence : sortir cette région de son isolement allait demander des investissements que personne, et surtout pas l'État, n'était prêt à assumer. Si bien que, faute de touristes, vaches et bœufs des alentours trouvent sous cet abri ouvert une providentielle protection contre le soleil ou la pluie.

On s'étonne de voir cette *casa de calamina* entourée d'une dizaine de fermes, alors que le lieu avait été choisi pour son total isolement. Mais les régimes militaires allaient, dès 1968, encourager la colonisation de ces terres vierges, favorisant l'accès à la propriété à des ouvriers agricoles de la région, de peur qu'une nouvelle guérilla ne naisse des cendres de la première. C'était faire beaucoup d'honneur à ce choix avalisé par un Guevara impatient, et que l'on s'accorde à juger calamiteux.

« C'était le calcul des militaires, raconte Umberto Arancibia, qui a repris une de ces nouvelles fermes : ils pensaient que si des paysans s'installaient à Nancahuazu, les guérilleros ne pourraient plus venir s'y cacher. » Sa femme, la généreuse doña Rose Marie, s'occupe du bétail, accueille les rares voyageurs de passage dans une chambre de fortune, et tient la seule épicerie du village. On y trouve cigarettes, piles, feuilles de coca à mâcher, et des bidons de 16l d'un alcool de canne à 96°, « potable » prétend l'étiquette. De quoi assommer toutes les peines des cinquante-six habitants de Nancahuazu, qui passent pour la plupart douze heures de la journée aux champs, avant de rentrer chez eux pour une nuit sans lumière. Pas d'électricité, ni de téléphone, ni même d'école : le bâtiment d'un rouge brique rutilant n'a ouvert que quelques mois, faute d'élèves inscrits. Les parents ne veulent pas confier leur progéniture à un professeur alcoolique

---

Ci-dessus : **Doña Rose Marie dans la cour de sa ferme, Nancahuazu, 2002.**
Double page suivante : **Jeune paysan, Nancahuazu, 2002.**

et mâcheur de coca impénitent — prétendent-ils. À moins que la tentation — ou la nécessité — n'ait été trop forte de les placer comme *peones*, ouvriers agricoles, dans les fermes voisines, payés trois cents pesos (quarante euros) par mois, logés et nourris. On engage à partir de dix ans. La guérilla ? Il ne reste aucun témoin direct dans la région. Tous les paysans qui sont entrés (de près ou de loin) en contact avec les guérilleros ont été emprisonnés et souvent torturés, avant d'aller trouver refuge vers des terres plus hospitalières. À lire le journal de Guevara, qui constate, dans chacune de ses analyses mensuelles, l'absence totale d'engagement paysan, on devine mal ce qu'ils auraient bien pu avouer…

Les nouveaux colons se montrent eux aussi plutôt prudents. Chacun a pu ramasser une balle, une baïonnette ou un fusil dans la forêt. Objets entourés de mystères, que l'on montre sans un mot. Le soir, autour d'un verre dans la cour de doña Rose Marie, on ose un peu parler politique. « Sans doute qu'ils n'étaient pas si mauvais ces communistes, qu'ils n'enlevaient pas les enfants ni ne violaient les femmes, comme prétendait la propagande. Et eux au moins savaient s'opposer aux États-Unis, comme ce Ben Laden aujourd'hui… » Le même discours que nous avons entendu dans les campagnes congolaises…

Ci-dessus : **Une balle retrouvée dans la forêt, utilisée comme poids de pesée dans l'épicerie de doña Rose Marie.**
À droite : **Bidon de 16 litres d'alcool à 96°. Nancahuazu, 2002.**
Double page suivante : **Les fiches originales consacrées à Che Guevara en 1967 par l'Agence France Presse. Les militaires boliviens ont transmis à la presse les photographies prises par les guérilleros découvertes dans les caches de Nancahuazu. Archives AFP, Paris.**

"CHE" GUEVARA

WA-186-67-AFP PHOTOS........WASHINGTON BUREAU

CHE GUEVARA ?

WASHINGTON, D.C., SEPT. 22, 1967...THE FINGER POINTS TO A PHOTO PROPORTED TO BE THAT OF CHE GUEVARA. THE PHOTO WAS PART OF THE DOCUMENTS THAT WERE PRESENTED BEFORE THE LATIN AMERICAN FOREIGN MINISTERS TO SHOW THAT CUBA IS TRAINING GUERILLA FORCES IN LATIN AMERICA...THE PRESENTATION WAS MADE BY WALTER GUEVARA ARZE, FOREIGN MINISTER OF BOLIVIA IN WHO'S COUNTRY THE EVIDENCE WAS FOUND IN GUERILLA STAGING AREAS AND HIDE-OUTS......AFP PHOTO BY ARNOLD SACHS:::::

310 600

310 602

310 601

WA-187-67-AFP PHOTOS.........WASHINGTON BUREAU

GUEVARA IN BOLIVIA

WASHINGTON, D.C...SEPT. 22, 1967...THIS IS ONE OF THE PHOTOS DESPLAYED BY THE BOLIVIAN FOREIGN MINISTER AT THE OAS TODAY, HE IDENTIFIED THE MAN IN THE CENTER AS CHE GUEVARA, FIDEL CASTRO'S RIGHT HAND MAN...THE FOREIGN MINISTER ACCUSED CUBA OF FOMENTING REVOLUTION IN LATIN AMERICAN COUNTRIES....................AFP PHOTO........
CABLE PHOTO   FULL SERVICE

"CHE" GUEVARA

BOLIVIE. "CHE" GUEVARA AURAIT ETE TUE.

Le cadavre d'Ernesto "Che" Guevara figure parmi les corps des guerilleros abattus au cours d'un accrochage avec les forces de l'ordre survenu dimanche dans la region de Higueras, indique un rapport adresse au commandement militaire de La Paz, apprend-on de source bien informee. Cependant, cette information n'a pas ete encore confirmee.
NPM "CHE" GUEVARA a cheval pres de la fameuse "Casa de Calamina" (maison au toit de tole) au pied du campement de Nancahuazu, alors qu'il se trouvait dans le maquis.
89.937.   AFP PHOTO.   10/10/67.
=Bolivie

311 018

311 058

311.794
Che Guevara lisant à NANCA HUAZU (10/67)

311.792

311.793

HE GUEVARA DANS LES GORGES DU FLEUVE NANCAHUAZU.
CHE GUEVARA LISAIT BEAUCOUP A NANCAHUAZU

4.- LA GUERRILLERA "TANIA" CINQ MOIS PLUS TARD, S'AMUSE A PHOTOGRAPHIER LE PHOTOGRAPHE. A L'EXTREME GAUCHE, LE "CHE".

TERRAIN DE CHASSE

Seconde étape après la *casa de calamina*, le « campement central », à quatre heures de marche, en suivant le cours de la rivière Nancahuazu, base jugée plus sûre par Guevara. Ce qui donnera lieu à un long déménagement baptisé *gondola*, en hommage aux mouvements de balancier des colonnes d'hommes surchargés. On pénètre là dans un autre univers, totalement vierge. Univers des petits et grands animaux de la forêt, traversé par des nuées de perroquets crieurs, où ne viennent s'égarer que les chasseurs, au hasard d'une traque. C'est d'ailleurs l'un d'eux, Adrien Asurdui, qui nous y mènera, dans une marche ponctuée par les récits de ses courses solitaires.

En s'enfonçant dans la forêt, on retrouve peu à peu la toile de fond de tous les récits des guérilleros. La végétation trop dense oblige à se frayer un chemin à l'aide de machettes, avec cette impression d'un sur-place épuisant, harcelé par la chaleur et des insectes que l'on préférerait cloués aux murs de cabinets de curiosité. Avec un peu de chance on peut parfois emprunter, le dos courbé, une piste ouverte par le passage des *antas*, tapirs géants des Amériques. Les épineux sont rois, et l'on comprend vite pourquoi les guérilleros, surtout lors de leur capture, semblaient tous couverts de haillons. On comprend aussi que les soldats boliviens, peu motivés et sur lesquels pesait la réputation d'infaillibilité des rebelles, aient eu peur de s'enfoncer dans ce dédale, filet tressé de lianes, de cactus et de ronces. Quelques rivières ont creusé leurs cours dans les rochers calcaires et forment les seules respirations de cette brousse hostile. C'est là que se situeront les premières victoires des guérilleros (comme la toute première, dite du « Cajon », sur la rivière Nancahuazu), avant que des Rangers mieux entraînés ne comprennent qu'ils devaient éviter ces pièges trop évidents, et osent pénétrer dans la forêt.

Si le milieu est hostile, en traversant le gué d'une rivière ou en arrivant au sommet d'un rocher, on est saisi par la beauté d'un paysage. Eliseo Reyes Rodriguez, dit Rolando, 24 ans, sera le seul dans son journal à lui rendre justice, dans un passage au bucolisme très inattendu :

« Je suis sur une montagne qui est pareille aux plus pittoresques que j'ai pu voir au cinéma [...]. Le sommet de chacun de ces (pics) est couvert d'un brouillard épais, alors que plus bas la chaude lumière du soleil matinal illumine le lieu et me pousse à interrompre ma lecture (je suis en train de lire la *Chartreuse de Parme*) » (10 janvier 1967). La rédaction de l'élève Rolando donne un avant-goût des cours dispensés par le professeur Guevara durant cette première période de l'expédition : économie politique, littératures espagnole et française... Car s'il fallait se battre, il était aussi question de former « l'homme nouveau ». Il y a tout un programme rousseauiste chez ce grand lecteur que fut le Che. Ce dernier note l'évolution de ses compagnons dans un petit carnet, avec des appréciations qui vont de « très mauvais » à « très bien ». Mais si Rousseau fait grandir son Émile dans les paysages champêtres de Montmorency, les hommes de Guevara sont soumis à plus rude école. Trois semaines après l'échappée lyrique de Rolando, le groupe partira dans une marche avec l'objectif d'atteindre la rivière Rosita, simple alibi afin de se familiariser avec le terrain et entrer en contact avec les paysans. Des cartes très approximatives (la région n'a jamais vraiment été explorée), la pluie, les difficultés du relief et le peu de gibier transformeront cette exploration préparatoire en un long supplice de quarante-huit jours. Au programme, marches forcées, faim et soif presque continues. Résultat : deux morts, par noyade, avant même que n'aient débuté les combats. Le bilan qu'en fait le professeur Guevara, à la fin du mois de mars, est expéditif : « étape de consolidation et d'épuration pour la guérila, complètement réalisée ». De retour au campement, les hommes n'auront plus jamais le loisir de se perdre dans la contemplation. L'armée bolivienne les a repérés et amorce son opération d'encerclement. La suite ne sera plus que la longue déclinaison, jusqu'à l'insupportable, des souffrances rencontrées lors de cette première marche décidée par Guevara. Mais revenons sur cette « épuration » invoquée, qui concernait un petit groupe d'hommes, la plupart recrutés un peu trop rapidement.

À droite : **Sur le chemin de la *Gondola*, entre la *casa de calamina* et le *campement central*. Rivière Nancahuazu, 2002.**
Double page suivante : **Le *Cajon*, lieu de la première embuscade victorieuse contre l'armée bolivienne. Rivière Nancahuazu, 2002.**

EUSEBIO, OU LA RESACA

Eusebio Tapia connaît par cœur ces deux passages du Journal de Bolivie. Le 24 mars, au retour de la longue marche initiatique, Guevara écrit : « Nato et Coco sont partis avec le rebut (la *resaca*) pour une *gondola*, mais ils ont dû nous les renvoyer parce qu'ils ne voulaient pas marcher. Il faut les licencier. » Et le lendemain, « on a annoncé le licenciement de Paco, Pepe, Chingolo et Eusebio, leur faisant savoir qu'ils ne mangeraient pas s'ils ne travaillaient pas, et qu'ils n'auraient plus de tabac [...] ». Eusebio Tapia déserte deux mois plus tard, est capturé par l'armée, torturé, purge trois années de prison, puis retourne dans son village natal à la faveur d'une amnistie. « J'ai cherché alors dans le dictionnaire le sens de *resaca*, et j'en ai trouvé deux. D'abord *gueule de bois*, et ensuite, cela désigne les ordures charriées par le courant qui s'accumulent sur les rives des fleuves. » Difficile d'être ainsi qualifié dans un livre qui a fait le tour du monde. D'autant que, dans son carnet d'évaluation, le jugement de Guevara est tout aussi sévère : « Très mauvais. S'est montré fainéant, menteur et voleur. Il veut partir et nous l'expulserons, mais sa sortie est conditionnée à sa bonne conduite. Il ne paraît pas lâche. » Voilà qui marque au fer rouge. Voleur ? « Joaquim m'a accusé du vol de boîtes de lait concentré, et le Che l'a cru. Moi je ne pouvais pas me défendre, je parlais à peine l'espagnol, seulement l'aymara, comme tous les paysans des hauts plateaux. Che Guevara peut lui aussi se tromper ! Et quand aujourd'hui on me traite de *resaca*, je réponds que ce n'est venu que d'un malentendu humain, et non idéologique. Une histoire de boîtes de conserves... » Guevara se serait trompé, à moins que ce ne soit Eusebio Tapia, ce 21 janvier 1967, alors qu'il s'engageait dans la guérilla sans aucune préparation militaire, muni d'un bien maigre bagage politique... Il ne savait rien du passé de son chef et ne comprenait pas ses discours, ce qui le rendait totalement hermétique à l'ascendant moral que pouvait avoir Guevara sur ses autres hommes.

Mais plutôt que de se résigner à la honte, Tapia apprend à lire et écrire l'espagnol et se familiarise avec les grands écrits communistes, impatient de se forger les instruments d'une réhabilitation. Enfin, il rédige une autobiographie qui paraît en 2001 à compte d'auteur, construite maladroitement autour de quelques photographies reconstituées et de souvenirs qui ne le sont pas moins. Il prend alors son bâton de pèlerin pour sillonner le pays, défendant son livre, sa cause et celle de la révolution partout où il trouve une oreille attentive.

On devine que l'accueil des puristes s'est borné à un mépris silencieux. À leurs yeux, Eusebio restera à jamais un homme de la *resaca*, un de ces Judas nécessaires à l'hagiographie officielle, même s'il est établi qu'il n'a pas parlé sous la torture. On ne pénètre pas facilement dans le panthéon des révolutionnaires, et les premières marches sont même parfois assez glissantes. Ce qu'apprendra à ses dépens Eusébio Tapia, paysan bolivien égaré dans une guerre qu'il n'avait pas comprise.

Ci-dessus : **Case tirée de la bande dessinée de Brascia, *Che*, 1968.**
À droite : **Eusebio Tapia, La Higuera, 2002.**

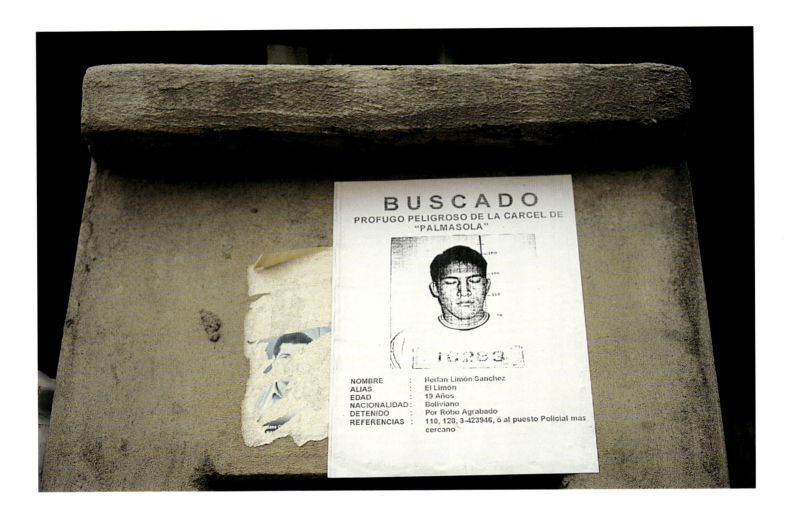

JUSQU'À L'ÉPUISEMENT

C'est dans cette forêt vierge que peut grandir l'« homme nouveau » cher à Guevara, et certainement pas sur l'herbe tendre des jardins d'Eden. Le lexique qui revient de la manière la plus obsessionnelle est celui qui tourne autour de l'idée de sacrifice. « J'ai parlé alors de ce que signifiait cet effort pour arriver au Rosita, expliquant que ce type de privation n'était qu'une introduction à ce que nous allions souffrir. »

Guevara veut défaire l'homme ancien, l'épuiser jusqu'à ce qu'il n'en reste rien, pas même les fondations. Il est de ces bâtisseurs qui exigent un terrain totalement vierge pour élever la maison idéale. Comme tous les utopistes. Et cette métamorphose (encore une) ne se fait jamais dans un mouvement de libération solaire. Elle serait bien plus proche d'une lente mue, souterraine, obscure et terriblement douloureuse. Très loin en tout cas de l'exaltation dionysiaque d'un José Marti qu'il aime à citer : « C'est l'heure des brasiers et il ne faut voir que la lumière. » Car en arrivant à Nancahuazu, et cela durant tous les premiers mois, les élèves guérilleros vont commencer par creuser. Des tranchées, caves, tunnels et postes de sentinelles ; pour observer, cacher, stocker, protéger. Ils ne croisent que des chasseurs, certains trop curieux. Mais les petits animaux fondus dans la forêt sont pleins de ruses : « Ils ont saoulé le chasseur qui est reparti le soir, très content, avec une bouteille de Singani dans le ventre » (12 décembre 1966).

Avis de recherche dans le village *Abapo* (au bord du Rio Grande)
2002.

L'HOMME NOUVEAU

Guevara souhaite visiblement que chacun des siens refasse, en sens inverse, l'histoire de l'humanité. Les Barbudos ne se laveront pas beaucoup plus que l'homme de Cro-magnon, (« depuis le temps que je ne me baigne plus, je n'ai plus d'odeur définie » note Pacho dans son journal, 8 août) mais ils pourront consigner les différentes étapes qui mènent à l'infra-humain : d'abord l'épouillage mutuel, puis la faim qui oblige à manger tout ce qui pousse ou bouge. Herbier et bestiaire impressionnants, où chacun cherche désespérément à repousser les limites du comestible. Enfin, la déchéance finale : Guevara se fait dessus (16 mai), trois de ses compagnons boivent leur urine (30 août). Nous voilà arrivés au bout du tunnel. Le 8 août, il blesse d'un coup de couteau sa mule, trop fatiguée pour avancer. Une scène qui va marquer profondément Dariel Alarcoń Ramirez, que le Che avait surnommé Benigno. Il est un des trois Cubains rescapés de la guérilla bolivienne, et vit depuis 1995 en France, avec un statut de réfugié politique. « J'étais près de lui quand c'est arrivé. Soudain j'ai cru que la forêt entière s'écroulait sur moi. En une seconde l'image que j'avais du Che avait disparu. Je ne connaissais plus cet homme qui était à mes côtés. Notre longue marche dans la forêt n'avait aucun sens. D'ailleurs depuis des semaines nous tournions en rond, toujours le même cercle, le seul chemin que nous connaissions. Je me suis dit que tout était fini. Et pourtant, le soir même, il a encore trouvé la force de faire une analyse lucide de notre situation, et chacun a pu puiser chez lui un peu de courage. » Guevara reprend ses esprits, voit le doute qu'il a semé chez

Un chemin forestier près du campement central. Nancahuazu, 2002.

ses compagnons. Il connaît bien Benigno, ce jeune paysan qui l'a rejoint dans la Sierra Maestra, auquel il a appris à lire et écrire. Un fidèle parmi les fidèles.

« La nuit j'ai réuni tout le monde pour leur faire cette mise au point (*descarga*) : nous sommes dans une situation difficile, Pacho récupère mais moi je suis un déchet humain, et l'épisode de la jument prouve qu'à certain moment je peux perdre le contrôle de moi-même ; cela changera mais la situation doit être pesante pour chacun, et ceux qui ne se sentent pas capables de la surmonter doivent le dire. C'est dans ces moments qu'il faut prendre de grandes décisions ; ce type de lutte nous donne la possibilité de devenir des révolutionnaires, l'échelon le plus haut de l'espèce humaine, mais il peut aussi nous élever au grade d'homme ; ceux qui ne peuvent atteindre aucun de ces deux stades doivent le dire et quitter la lutte. »

D'abord Guevara choisit l'isolement, provoquant une rupture avec le Parti communiste bolivien. Puis il repousse ce qu'il appelle ses « offensives conciliatrices » quand le parti cherche un nouveau compromis. Enfin, une fois le groupe condamné à une totale autarcie, il met en place une dialectique qui n'offre aucune issue possible. Le piège se referme. Il ne reste qu'à explorer un peu plus loin la condition de petit animal de la forêt, affamé et traqué. Plus de marche arrière possible. Jusqu'au bout du tunnel donc. Avec comme seul espoir une improbable renaissance.

Guevara a beaucoup lu, trop peut-être, comme Don Quichotte avec qui il aime tant à se comparer. Et surtout, il a déjà vécu

---

Dariel Alarcón Ramirez, dit « Benigno », Paris 2003.

une de ces belles histoires édifiantes, échouant sur l'île d'Ithaque, Cuba, avant d'en devenir ministre de l'Industrie. Attend-t-il encore un coup de théâtre? Plus probablement se sait-il déjà acculé, comme deux années auparavant, dans la jungle du Sud-Kivu congolais. Mais cette fois, il s'est interdit toute issue, et rien ne semble plus pouvoir inverser ce lent mouvement de disparition dans la forêt. «Nous avons tellement marché dans ces côteaux que nous ne savons plus exactement où nous sommes» (journal de Pacho, 4 mai). Ils sont perdus, littéralement.

En janvier 1966, enfermé dans une pièce de l'ambassade cubaine à Dar es-Salam, il concluait ainsi son expérience congolaise: «Je n'ai pas osé exiger le sacrifice suprême au moment décisif. Cela a été un blocage intérieur, psychique […]. Tandis que je pesais ma décision, le fait de savoir que le sacrifice suprême m'aurait été facile a joué contre moi. Je considère que j'aurais dû au fond de moi surmonter le poids de l'autocritique et imposer à un certain nombre de combattants le geste final; même peu nombreux, nous aurions dû rester. En plus, je n'ai pas eu le courage ou la clairvoyance de rompre les amarres du lac et de pénétrer, avec le détachement cubain entier ou épuré, jusqu'à des endroits où la tentation du lac et les espoirs de retour ne surgissent pas au premier échec.»

Tentation et sacrifice… et aucune référence à l'ennemi, finalement assez subsidiaire dans l'esprit de Guevara, pour qui la vraie lutte est celle que l'on mène contre soi-même. Et cette fois, il ne reculera pas.

Le carnet où Guevara évaluait régulièrement chaque guérillero. Benigno est le seul qui sera gratifié de trois «très bien». La page consacrée à Ramon, alias le Che, est restée vierge.

LOYOLA, DITE IGNACIA

Si la majorité des membres du Parti communiste bolivien, dirigé par Mario Monje, n'a pas souhaité suivre cet « aventurier » de Guevara, d'autres lui ont emboîté le pas d'une manière inconditionnelle. Tels les frères Inti et Coco Peredo, qui tous deux paieront de leur vie cet engagement ; ou encore la très jeune Loyola Guzman, alors trésorière des Jeunesses communistes. Elle vit aujourd'hui à La Paz.

« Le choix que nous devions faire, entre suivre Guevara ou la ligne du parti, n'était jamais clairement énoncé. C'était plutôt être "déviant" ou ne pas l'être, et nous ne savions pas que le mouvement était dirigé par le Che ! C'était douloureux pour nous d'entrer en conflit avec le Parti. J'appartenais aux Jeunesses depuis mes douze ans… Mais les positions de Mario Monje me semblaient intenables. Il m'a demandé si j'étais prête à suivre un chef étranger. J'ai répondu que oui, naturellement, s'il en savait plus que moi. Il m'a alors demandé de quitter la direction des Jeunesses. J'en ai parlé au Che. "Ne renonce surtout pas. S'ils veulent t'expulser, qu'ils t'expulsent, mais ne renonce pas". Alors ils m'ont suspendue, et non expulsée. Depuis, je n'y suis jamais retournée. »

« Elle est très jeune et douce, mais on sent chez elle une grande résolution » note le Che à son sujet, avant de la charger du réseau urbain, liaison entre le groupe et La Paz. Loyola ne démentira pas sa confiance. Dénoncée par les photographies que l'armée découvre dans les caches de Nancahuazu, elle sera faite prisonnière puis interrogée au début du mois de septembre. « C'était une torture surtout psychologique. Ils m'ont annoncé que toute ma famille était tenue prisonnière dans notre maison. Comme je ne parlais toujours pas, ils ont fait venir mon père, pour qu'il fasse pression sur moi. J'ai résisté. Moi-même aujourd'hui je ne sais pas jusqu'à quel point on peut résister. Tout dépend des circonstances. Ce jour-là, j'ai choisi de sauter par la fenêtre. Le bureau était au troisième étage. »

Elle se réveille vingt-quatre heures plus tard, dans une chambre d'hôpital. « J'avais tout oublié, une amnésie totale. Ça a coupé court à l'interrogatoire, ma capture a été rendue publique, et j'ai rejoint la prison des femmes. » Elle y restera trois années, premier épisode d'une longue série d'internements politiques, qui ne prendra fin qu'en 1982. Militante infatigable, elle dirige aujourd'hui une Association internationale de défense des familles de disparus, et demeure toujours pleine de cette douce résolution…

Ci-dessus : **Loyola Guzman avec le Che (qui l'avait surnommée Ignacia) près du campement central, Nancahuazu, 1967.**
À droite : **Loyola Guzman, La Paz, 2002.**

À LA RECHERCHE DES SIGNES

Adrien le chasseur redessine sur le sable humide les différentes étapes de sa poursuite.

« C'est comme ça que j'ai trouvé le campement. Mes chiens couraient depuis deux heures derrière une *anta*, et moi je suivais leurs aboiements de loin, comme je pouvais. Quand enfin j'ai pu les rejoindre, elle s'était réfugiée dans une sorte de tunnel, et les chiens m'attendaient… J'étais heureux de cette prise, et fier de mes chiens. Le soleil se couchait, et j'ai décidé de passer la nuit là. À mon réveil, j'ai découvert un four en terre, de vieilles boîtes de conserve rouillées, et puis tout un réseau de trous creusés. J'ai pensé qu'une communauté avait vécu là, avant d'abandonner le lieu. Dans les cendres du four il ne restait que des bouts de ferraille, boucles de ceintures, clous de semelles… comme si on avait voulu faire disparaître tout ce qui traînait. Quand j'ai raconté cela au village, on m'a parlé d'un ancien camp de rebelles, de l'armée qui était passée derrière. »

L'aurore se lève sur ce campement profané, et dans ce fouillis végétal, on cherche les signes de l'ancienne présence. Ce tesson de bouteille, cette assiette en fer trouée… Peut-être laissés là par un groupe venu en pèlerinage, ou même par l'armée, longtemps restée en embuscade, espérant le retour des rebelles. On ne trouve plus rien dans les cendres, et l'on s'étonne même qu'elles ne se soient, après tant d'années, envolées. La découverte d'une bouteille vide de Sprite vient à temps nous arracher à la fascination. Mieux vaut tourner son regard vers la cime des arbres.

Les rangers découvrent le four du campement central, qu'ils nommeront « Dien Bien Phu ». Nancahuazu, 1967.

Adrien Asurchi racontant comment il a retrouvé le campement central, où il reste encore quelques traces de la présence des guérilleros. Nancahuazu, 2002.

LE GUÉ DE LA CRAIE

En suivant le cours de la rivière Nancahuazu, on débouche sur le Rio Grande, qui alimente le cours des grands fleuves du bassin amazonien. En ce mois d'octobre, fin de la saison sèche, son immense lit presque vide cède la place à de longs bancs de sable mouvants, qui rendent sa traversée difficile. Pour cela, mieux vaut suivre la rive jusqu'à un gué plus sûr, et c'est ainsi que l'on parvient naturellement à « Puerto Mauricio », improprement nommé « El Vado del Yeso », un autre gué voisin, sur la rivière Masicuri. Puerto Mauricio est le théâtre de l'embuscade du 30 août, où tombera le groupe de Joaquim (Juan Acuna Nuñez), « l'arrière-garde » qui avait perdu contact avec le reste de la troupe depuis le 17 avril. Huit guérilleros périront là, criblés de balles. L'endroit est beau et calme, simplement fréquenté par quelques hérons et flamants roses. Et par le cardinal Julio Terraza Sandoval, chef de file de l'Église bolivienne, qui avait choisi ce jour d'octobre 2002 pour venir en pèlerinage sur les traces de San Ernesto de La Higuera. Après tout, la démarche va de soi pour un rédemptoriste… Nous y reviendrons.

Les cris de sa suite font fuir les échassiers. Il faut reprendre le chemin. Le plus proche mène à la communauté du Vado del Yeso, le *Gué de la Craie*, à quatre heures de marche. Le 15 février, Guevara note : « Nous avons envoyé Inti, Loro et Aniceto parler avec le paysan ; il s'avère que c'est Michel Pérez, frère de Nicolas, un paysan riche, mais lui est pauvre et exploité par son frère, de sorte qu'il est prêt à collaborer avec nous. »

Ci-dessus et double page suivante : **Le gué de « Puerto Mauricio ». Sept guérilleros du groupe de Joaquim (Juan Acuna Nuñez) y trouveront la mort lors de l'embuscade tendue par l'armée bolivienne, le 30 août 1967.**
À droite : **Roman Roja, de la communauté du Vado del Yeso, se fraie un chemin à la machette dans la brousse.**

Aujourd'hui décédé, Michel Pérez serait certainement fier de ses deux fils, Gabriel et Victor. Ceux-ci participeront à la fondation de la communauté paysanne du Vado en 1993, répartissant des terres vierges entre vingt-quatre familles de *peones* venues de toute la région. Le village est bien tenu, l'accueil chaleureux, les enfants joyeux. Près de cent hectares de champs cultivables ont été arrachés à la jungle : un travail de titan qui porte aujourd'hui ses fruits. L'école fonctionne bien, ainsi que le centre de santé. Parfait exemple d'un collectivisme réussi. Chacun est propriétaire de sa maison et de son champ, et les services sont gérés en commun. « On en avait marre d'être les esclaves des riches », commente avec une simplicité déconcertante Vilma Romero. La chaleur de son grand four de glaise attire les autres mères de famille, qui viennent s'informer des dernières nouvelles du village tout en surveillant la cuisson de leurs pains.

Ci-dessus et à droite : **Au *Vado del Yeso*, le plus proche village de *Puerto Mauricio*. Des ouvriers et *peones* s'y sont organisés en communauté pour cultiver des terrains jusqu'alors inexploités. *Le Gué de la craie*, 2002.**

LE FIGUIER

Le voyageur monte le chemin de La Higuera avec appréhension : tant d'images se bousculent dans son esprit (douze pour être plus précis, comme pour tout chemin de croix), qu'il préfère d'abord se réfugier vers les informations d'un dépliant touristique. La Higuera, *Le Figuier*, arbre que l'on trouvait en quantité autour de ce village de la province de Vallegrande. Altitude de 1985 mètres, en moyenne montagne andine ; 31 maisons pour 109 habitants, d'après le recensement de 2001. Pour le reste, impossible de s'éloigner de plus d'un mètre de notre sujet : l'ensemble du village participe d'une vaste muséographie.

Ses animateurs ont su pourtant éviter le piège du parc d'attractions. Sur le chemin qui mène au village, on a bien peint une étoile rouge sur un rocher qui a la forme du béret du guérillero héroïque. Le clin d'œil reste plutôt discret, simple signe qui donne le départ d'une lecture très particulière du paysage, mais que chacun doit faire par soi-même. Pas d'écriteaux ni de guide pour vous orienter.

C'est un Argentin de 36 ans, originaire de Rosario (!), qui a décidé de redonner vie à ce village. Favio Giorgio est de ces êtres généreux, lumineux, qui font que Che Guevara est encore de mémoire vive en Amérique latine. Au lieu de tourner ses efforts autour d'un tourisme capricieux, il encouragera d'abord une vie communautaire que les anciens avaient peu à peu oubliée, découragés par l'exode des jeunes vers les villes. Restauration de l'école, de la salle des fêtes ; construction d'un centre de santé, d'une bibliothèque… et d'un petit musée dédié au Che. La Higuera n'est plus ce triste mausolée que quelques nostalgiques venaient fleurir le 9 octobre — jour où le guérillero tombait dans sa petite école — avant de repartir le soir même, faute d'avoir trouvé un lit accueillant.

À droite : **Lors du trente-cinquième anniversaire de la mort du Che. La Higuera, 2002.**
Double page suivante : **Le bâtiment reconstruit sur les fondations de l'ancienne école de La Higuera, où le Che a été assassiné, le 9 octobre 1967. Un projet de musée est à l'étude.**

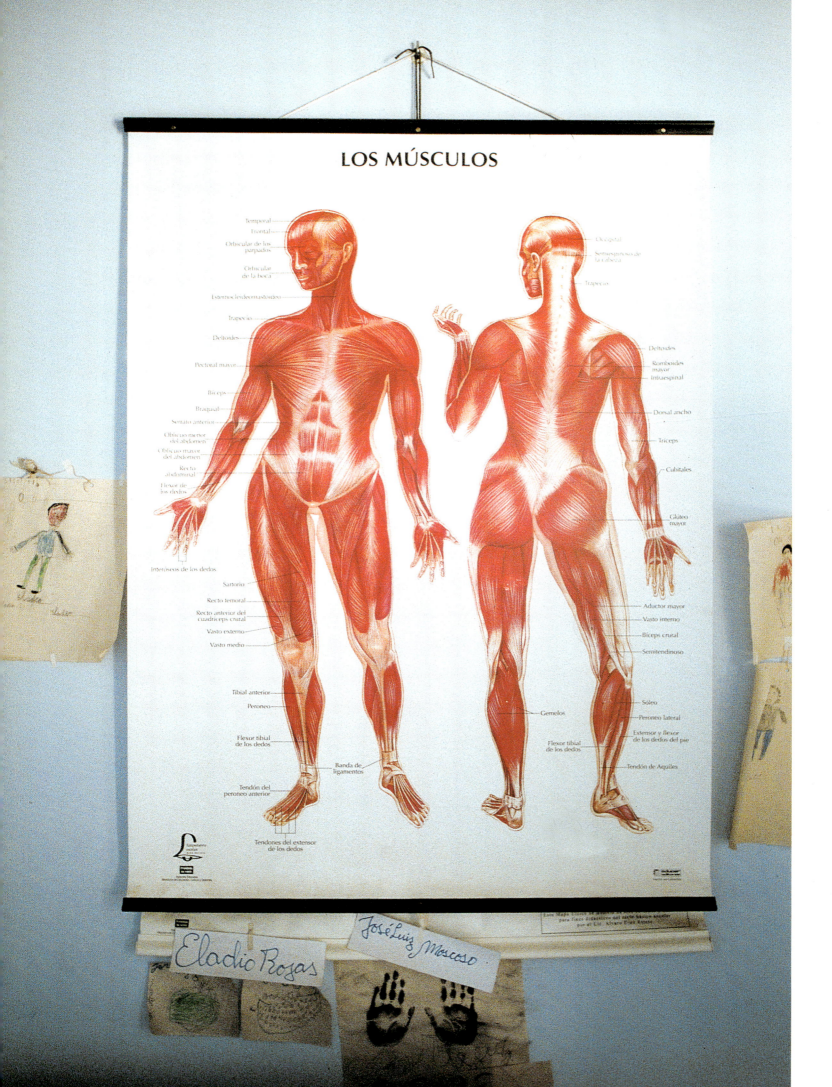

L'HOMME AUX SEMELLES DE VENT

Le 9 octobre est encore l'occasion de célébrations. Se retrouvent à La Higuera quelques rares guevaristes inconditionnels et de jeunes militants de mouvements alternatifs. Mais les plus nombreux sont les routards désargentés, qui voient chez l'internationaliste un nouvel « homme aux semelles de vent ». Favio Giorgio se porte toujours volontaire pour une marche jusqu'à la Quebrada del Churo, là où allaient s'échouer les derniers espoirs de la guérilla. Sur le sentier qui plonge vers la *quebrada*, la faille, l'ambiance est bon enfant, le recueillement discret. Pas d'idolâtrie ou de prosélytisme, juste quelques pierres, que certains ramassent sur le chemin pour les glisser dans une poche.

Dans la dernière page de son Journal, Guevara semble lui aussi bien loin de penser à un dénouement tragique, à moins que ce ton apaisé ne soit le signe de sa résignation : « Ces onze mois de guérilla se sont terminés sans complications, bucoliquement ; jusqu'à 12h30, heure à laquelle une vieille, menant paître son troupeau de chèvres, est entrée dans le canon où nous campions, nous obligeant à la faire prisonnière. » C'est là que les journaux des combattants prennent fin, nous laissant seuls face aux récits souvent contradictoires des derniers témoins de leur errance. La majorité du groupe est décimée ; Guevara blessé et Willy (un mineur bolivien) sont faits prisonniers. Seuls six de ces dix-sept hommes parviendront à fuir.

Double page précédente, à droite : **Planche anatomique dans la nouvelle école de La Higuera, 2002.**
Double page précédente, à gauche : **Des étudiants de Santa Cruz en visite à La Higuera, « construisant les leaders de demain ».**
Ci-dessus : **En descendant vers la *faille du Churo*, un groupe venu à l'occasion du trente-cinquième anniversaire de la mort du Che. La Higuera, 2002.**
À droite : **Favio Giorgio sur le chemin de la *faille du Churo*. C'est par ce chemin que les militaires boliviens ont ramené à La Higuera un Che blessé à la jambe et ses compagnons faits prisonniers.**

Le coup de théâtre n'aura pas lieu. La longue errance ne se transforme pas en une salvatrice traversée du désert, le cercle des soldats se referme inexorablement. On pensait pourtant que cette figure géométrique avait tort, que cette tactique manquait d'imagination. Une guerre de position, un encerclement classique et rigide, cela appartenait au passé… La modernité était du côté de la guerre de guérilla, avec sa mobilité, ses noyaux flottants, sa capacité à se reconstituer après chaque perte.

Alors on accuse la précipitation de la préparation, le mauvais choix du terrain, l'isolement des paysans, sans cohésion sociale ni passé de rébellion. Mais peut-être que Guevara ne luttait déjà plus contre des armées dont il n'avait que faire, mais contre lui-même, contre l'homme ancien et ses derniers oripeaux. L'homme nouveau serait-il un homme mort ?

Ci-dessus : **Dans la *faille du Churo*. Le Che a trouvé refuge derrière une pierre lors de la fusillade qui a précédé sa capture. Difficile d'établir laquelle exactement…**
À droite : **Un groupe de pèlerins se repose sur une autre des pierres marquées. Quebrada del Churo, 9 octobre 2002.**

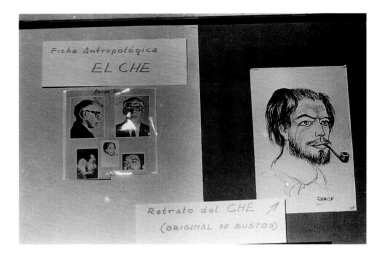 
 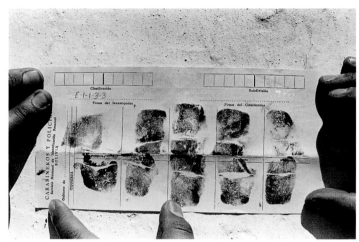

DANSE MACABRE

Dès lors, la suite de l'histoire lui échappe. Capture, puis meurtre, puis exposition du corps transporté en hélicoptère jusqu'à l'hôpital Señor de Malta de Vallegrande. Cette histoire appartient aux photographes et aux spécialistes de l'identification judiciaire, qui feront concurrence de zèle dans un ballet qui tournera aux délires d'une danse macabre. Le monde veut, exige des images de celui qui a disparu depuis plus de deux ans, que l'on a cherché et vu sur au moins trois continents. Et pas seulement des images, on exige aussi des preuves, des récits, des témoignages. Jusqu'à l'absurde. On exhibera son journal, le contenu de son sac, on moulera son visage pour un masque mortuaire. On ira jusqu'à lui couper les mains pour mieux en fixer les empreintes.

Tout semble tourner autour d'un jeu de mains. C'est Barrientos, chef de la junte au pouvoir, qui le premier lancera le bal.

Fin septembre 1967, lors d'une exposition au palais présidentiel de La Paz, sont montrées les différentes pièces retrouvées dans les caches des guérilleros. Il y pointe fièrement de l'index les photographies d'identité de Guevara alias Adolfo Mena, dénoncé par ses arcades sourcilières protubérantes. Il trouve là une belle occasion de reprendre les rênes d'un pouvoir vacillant : rien de mieux pour cela que de pouvoir désigner la source unique de tous les maux du pays, un dangereux communiste apatride. Dans ce même geste, il prouve l'efficacité de son armée, et se confirme lui-même comme chef de cette armée, le seul habilité à lui assigner une cible. Preuve d'une intelligence politique assez surprenante de la part d'un homme qui, dans le même discours, prétendait Guevara mort, puis mettait sa tête à prix… *Wanted* donc. Pouvoir représenter l'ennemi, c'est bien sûr faire un grand pas vers sa capture, car cela permet surtout

---

Le président René Barrientos pointe du doigt « Ramon » dessiné par Ciro Bustos, et les photographies du faux passeport retrouvées à Nancahuazu. Les rangers exhibent la fiche anthropométrique des empreintes de Che Guevara. Vallegrande, octobre 1967. Photographies Freddy Alborta.

Le 25 septembre 1967, lors d'une conférence de presse, un officier bolivien pointe du doigt « Ramon », alors en chemin vers Nan-cahuazu. La photographie a été retrouvée dans une des caches creusées près de la *casa de calamina*. Photographie AFP.

d'exorciser ses propres peurs. Barrientos en Vaudou épinglant de l'index une poupée de chiffons. Première petite mort dans cette représentation. Ce n'est plus qu'une simple question de temps.

On comprend aussi à quel point Guevara faisait peur aux militaires boliviens. Ils exhibent devant la presse son journal et des empreintes digitales, comme s'il s'agissait des oreilles et de la queue gagnées lors d'une longue et périlleuse corrida. Les photographies prises alors par Freddy Alborta montrent parfaitement comment chacun cherche à se persuader de cette mort par toutes sortes de vérifications.

D'abord avec cette revue ouverte sur un portrait du Che, qu'une main tend devant son visage, nous forçant à une comparaison morbide. Le corps comme abscisse et ordonnée, réduit à deux dimensions, ce que confirme une feuille anthropométrique, tachée des empreintes digitales du Che. Encore un jeu de mains et de papier. Sans oublier la plus étonnante de la série, que l'on a souvent comparée à *La Leçon d'anatomie* de Rembrandt, où l'index pointé du chef de l'Armée de l'air, le général Oscar Adriazola, touche le corps comme pour boucler le cycle initié par Barrientos.

FREDDY ALBORTA

Petit détour vers La Paz, où nous avons rencontré l'auteur de cette autre icône, humble photographe qui conserve sa forme de septuagénaire en tenant boutique dans le centre ville.

« Le général Adriazola n'avait rien à faire là, se souvient Freddy Alborta. Quand la nouvelle de la mort de Guevara a été rendue officielle, l'armée a affrété deux avions pour se rendre de La Paz à Vallegrande. Il a profité de sa position de chef de l'armée de l'air pour s'inviter dans celui de la presse. Dans le lavoir, il est resté très longtemps dans cette

---

Image du film *Che!* réalisé par Richard Fleischer, avec dans le rôle titre Omar Sharif, 1969. Photographie D.R.

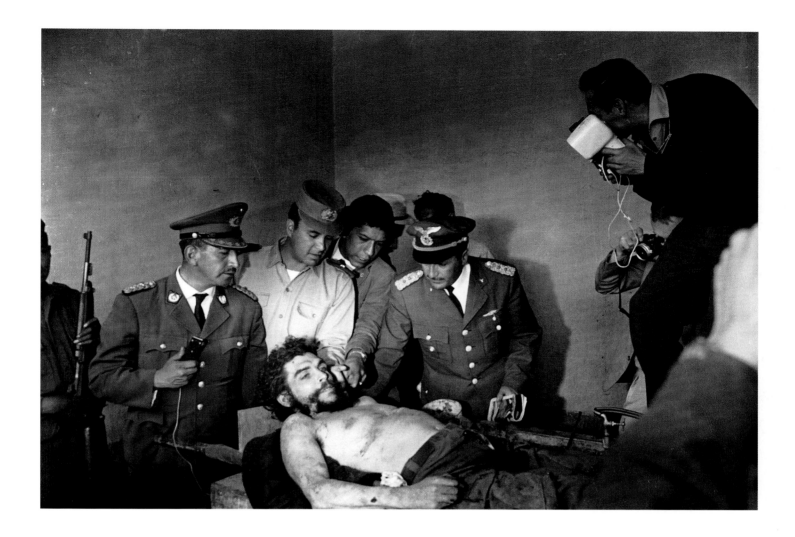

position, en pointant le trou creusé par une balle dans le thorax. En fait il posait, tout simplement, et je n'ai eu aucun mérite à figer un mouvement qui l'était déjà. Même chose pour cette revue tendue près du visage. J'essayais de l'éviter, mais quelqu'un la tendait systématiquement vers moi dès que je cadrais. J'avais envie de lui demander de se pousser. Le corps du Che, c'était quelque chose, non ? J'avais l'impression de rater beaucoup de bonnes photographies à cause de ces personnes qui voulaient à tout prix mettre le corps en scène, comme s'il ne se suffisait pas à lui-même. Et pourtant, ce sont ces images-là qui sont devenues célèbres. L'autre officier, qui tient la tête, était directeur de la radio militaire, venu dans le même avion que moi, tout comme les trois journalistes à sa droite. Quant aux deux soldats, ils sont là pour garder le corps. »

Et donc, malgré cette première impression de trophée exhibé, aucun des personnages présent n'est un protagoniste direct de la mort du Che. Si bien que la comparaison souvent établie avec *La Leçon d'anatomie* gagne en pertinence. Les deux images jouent sur l'immobilité d'un corps central, inerte, entouré d'une fourmilière vivante et expressive, un peu ridicule dans son acharnement à voir. Avec Rembrandt c'est la lumière sépulcrale, baignant le cadavre, qui nous rappelle au profond mystère de la mort, qu'aucun scalpel ne saurait dévoiler entièrement. Dans la photographie d'Alborta, le regard du Che, comme perdu dans une étrange présence-absence, renvoie la curiosité des vivants à sa profonde obscénité.

Et puisque les références classiques sont de mise quand on analyse cette image, on la rapprochera aussi de *L'Incrédulité de Saint-Thomas*, peinte quelques décennies avant Rembrandt par Caravage. Outre le doigt qui sonde une blessure, c'est toute la part de monstration et de vérification qui nous

Ci-dessus : **Un photographe monté sur le lavoir de l'hôpital Señor de Malta pour photographier le corps. Photo Freddy Alborta, Vallegrande, octobre 1967.**
Double page suivante : **Photo Freddy Alborta, Vallegrande, octobre 1967. Aucune des personnes présentes n'a participé à l'arrestation puis à l'assassinat du Che.**

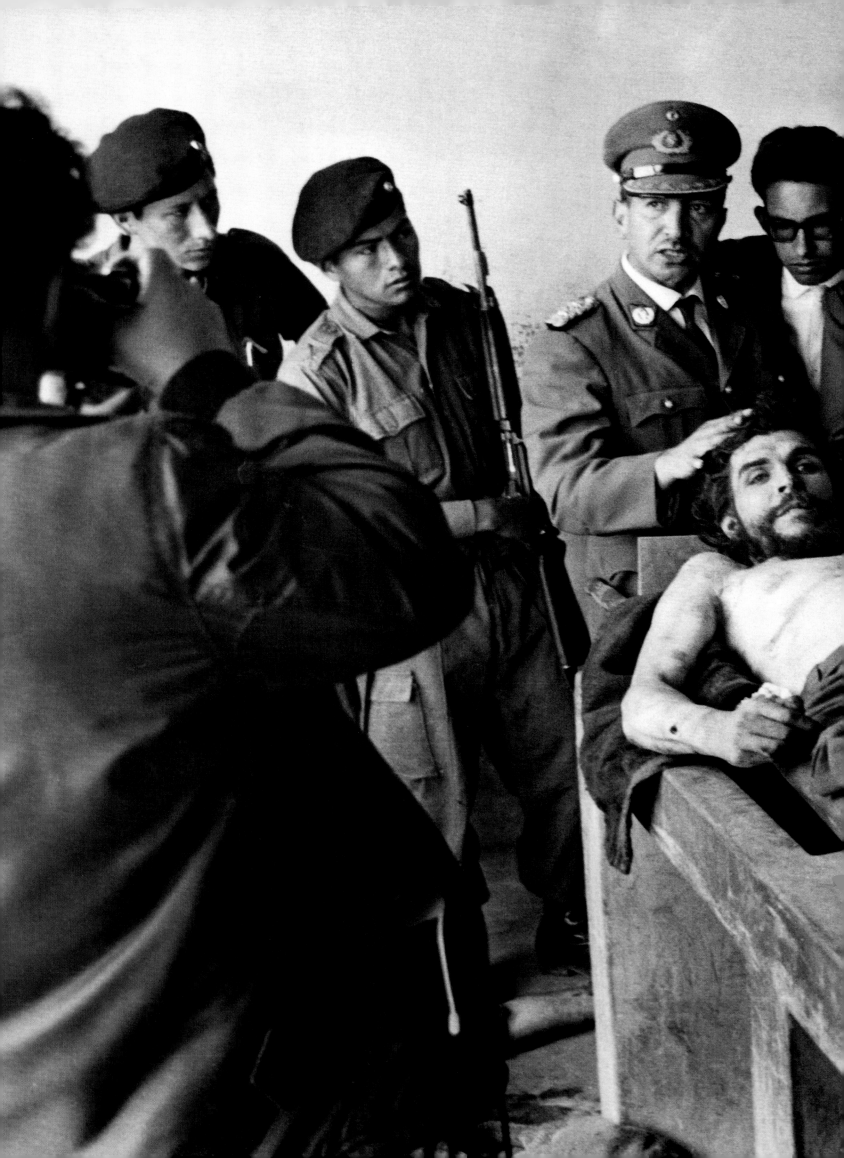

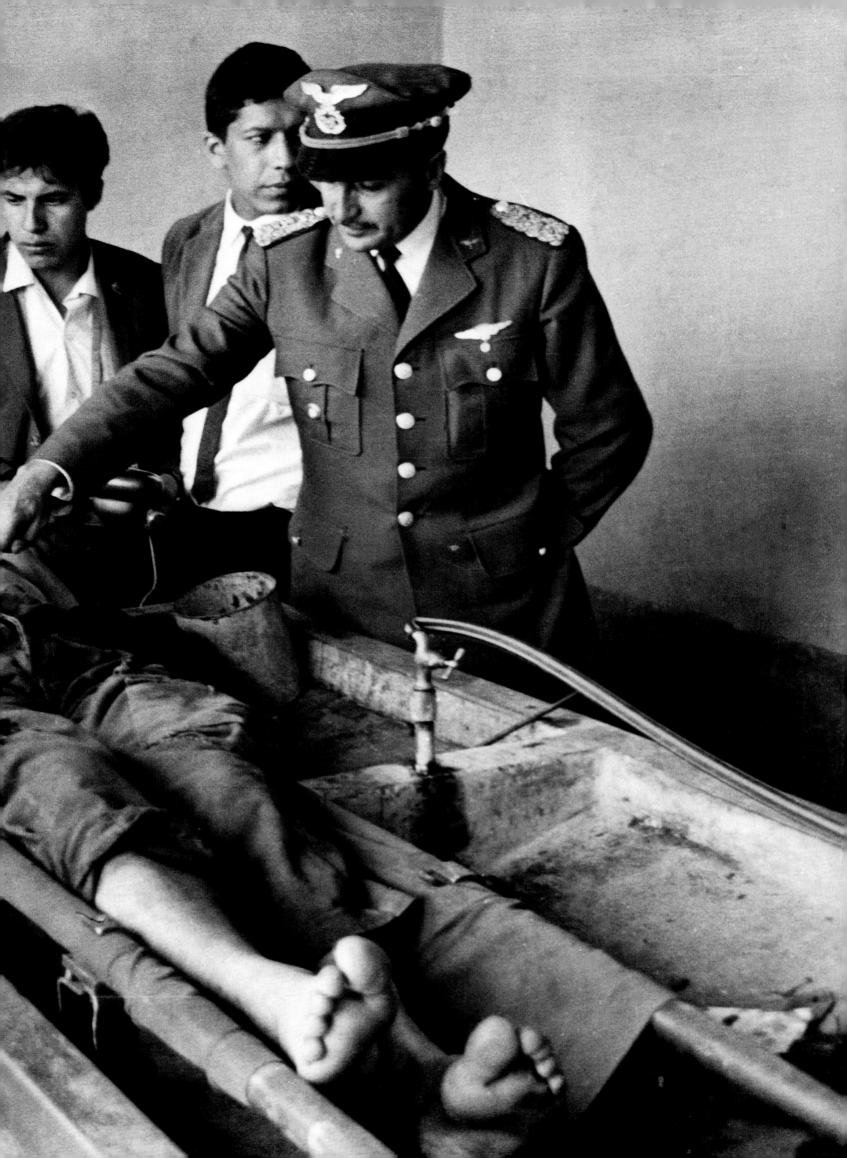

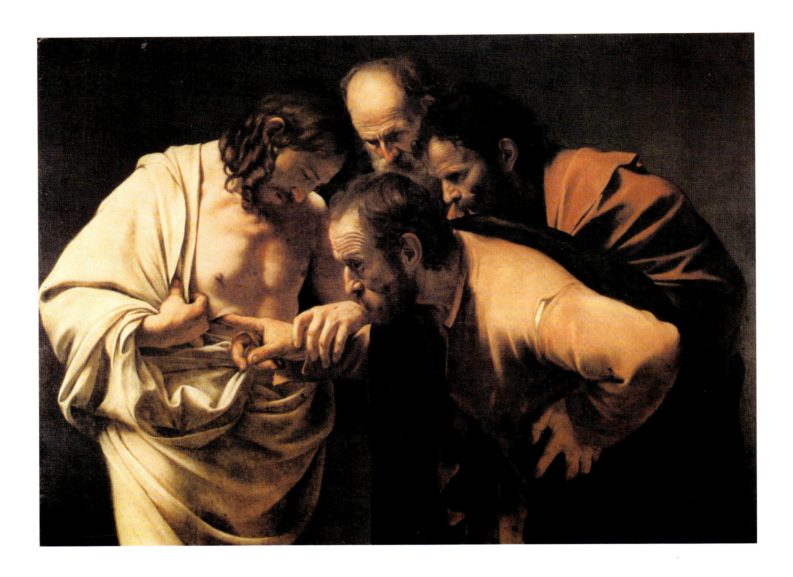

intéresse ici. Le spectateur naïf se fait piéger par l'indubitable, effet de réel obtenu grâce au style réaliste du Caravage, mais aussi par le désir très cartésien de Saint Thomas, qui vient vérifier qu'on ne l'a pas trompé. Immense ironie du peintre qui en fait contrôle tout, depuis la preuve, la blessure, jusqu'au désir de preuve, les plis sur les fronts des trois hommes.

Pas plus que la peinture, la photographie ne fait preuve. Après tout, des images crédibles ont été tirées en 1969 du film *Che!*, avec dans le rôle-titre… Omar Sharif! Mais ce que fait Alborta comme Caravage, c'est mettre en scène le désir de vérification qui anime des vivants incrédules. Et c'est la somme de ces désirs de vérification — que l'on lit sur le visage ou dans les attitudes de chacun — qui devient preuve. Depuis deux années que la presse tisse autour de la disparition du Che les scénarios les plus extravagants, le public exige de l'irréfutable pour se persuader qu'il ne s'agit pas là d'une nouvelle fiction.

Ci-dessus : **L'Incrédulité de Saint-Thomas par Le Caravage, huile sur toile, 1602.**
À droite : **Photo Freddy Alborta, Vallegrande, octobre 1967.**

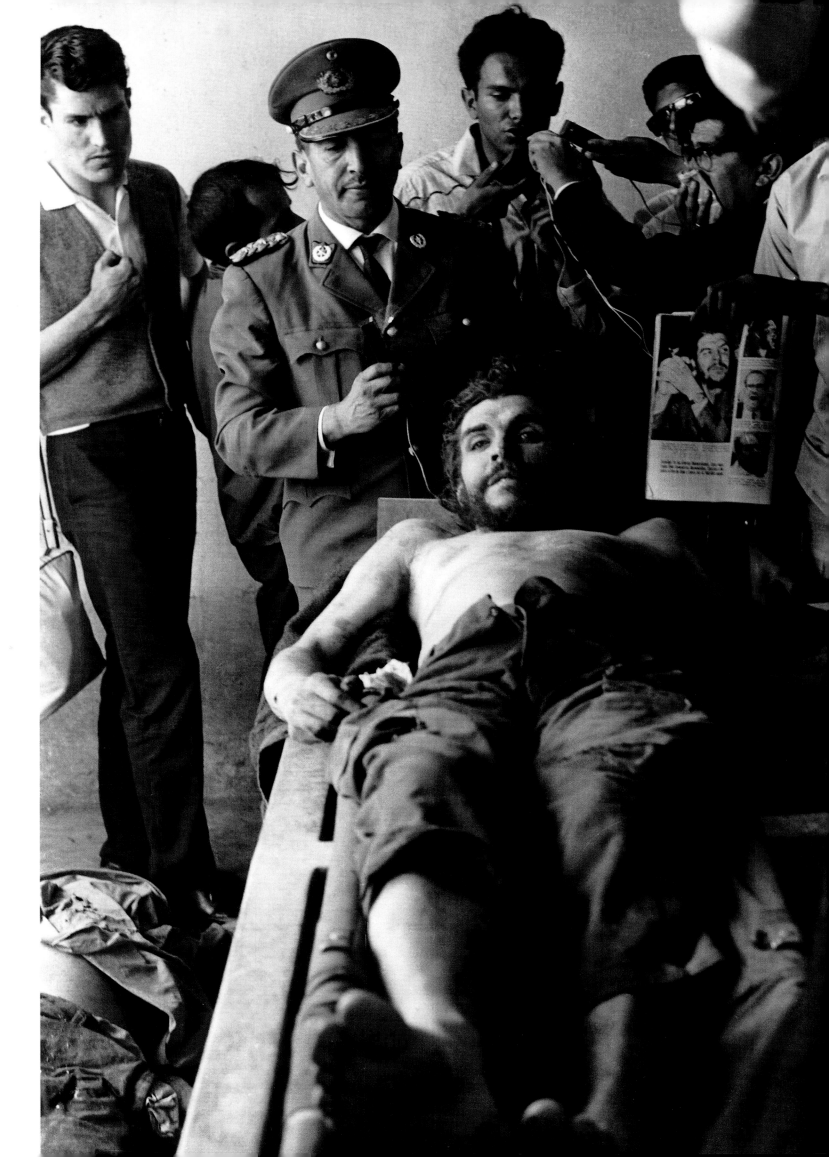

LE CHAUSSEUR-PHOTOGRAPHE

Lui aussi présent lors de l'exhibition du corps, René Cadima était chausseur à l'origine. Peu à peu sa passion, la photographie, a colonisé son magasin de Vallegrande, sans qu'il délaisse pour autant son premier métier. Si bien que ses images de Guevara sont restées longtemps exposées au milieu de chaussons et de sandalettes. « Les premières années, j'en vendais une bonne trentaine par jour, il venait des gens du monde entier. Vous vous rendez compte, à deux pesos la photographie ! Et tout ça grâce à une fausse carte de presse, qui m'a permis de rentrer dans l'hôpital ! Aujourd'hui, il n'y a presque plus personne pour acheter ces images. » Ce qu'il ignore, c'est qu'elles sont reproduites dans tous les ouvrages consacrés à Guevara, avec une mention « droits réservés » ou « auteur inconnu » qui lui rend bien peu justice. Mais comme personne ne lui a jamais expliqué le principe du droit d'auteur…

Chez René Cadima, nous avons trouvé un négatif très étonnant et jamais exploité. Le sujet en lui-même n'a rien d'exceptionnel — un homme pose près du corps du Che, thème que l'on trouve décliné dans de nombreux salons de Vallegrande, où beaucoup avaient pris la pose devant des photographes — mais celle-ci est en couleur et en partie rayée. Un corps droit près d'un corps allongé. L'un cintré dans une veste d'officier, cravate et décorations, l'autre torse nu et le pantalon débraillé. Une casquette d'où rien ne déborde ; des cheveux abondants et comme en liberté. Un homme vivant dont on a rayé le visage, un homme mort dont le visage est si vivant. Il y a tant de symétrie dans ces deux corps qu'on est tenté de penser que chacun a retrouvé son double en négatif.

Cette photographie dégage une impression très étrange. Peut-être parce que d'ordinaire, c'est le visage du mort qui ouvre comme un trou noir dans l'image, une absence au monde. Ici, la seule partie de chair vivante a été raturée… Et cette inversion fait que nous ne sommes plus dans le lavoir de l'hôpital mais ailleurs. Dans cet univers bleuté, il semble enfin rendu à sa solitude.

Le photographe René Cadima, quatre-vingt-trois ans, rassemble ses souvenirs. « Je crois bien que c'est moi qui ai rayé le visage. Oui, c'est cela, j'avais peur d'avoir des ennuis avec cet officier, alors j'ai préféré rayer le négatif. Ainsi j'étais sûr que le laboratoire de Santa Cruz allait recadrer l'image sous la tête. Je me souviens bien de cet officier de l'armée de l'air. *Prends-moi en photo avec le Che*, qu'il me dit. Je l'ai pris, mais il est reparti à La Paz sans venir chercher sa commande. » Histoire simple d'une image venue d'outre-tombe.

À droite : **René Cadima dans son magasin, Vallegrande, 2002.**
Deux doubles pages suivantes : **Dans le lavoir de l'hôpital Señor de Malta, octobre 1967 (collection particulière), puis octobre 2002.**

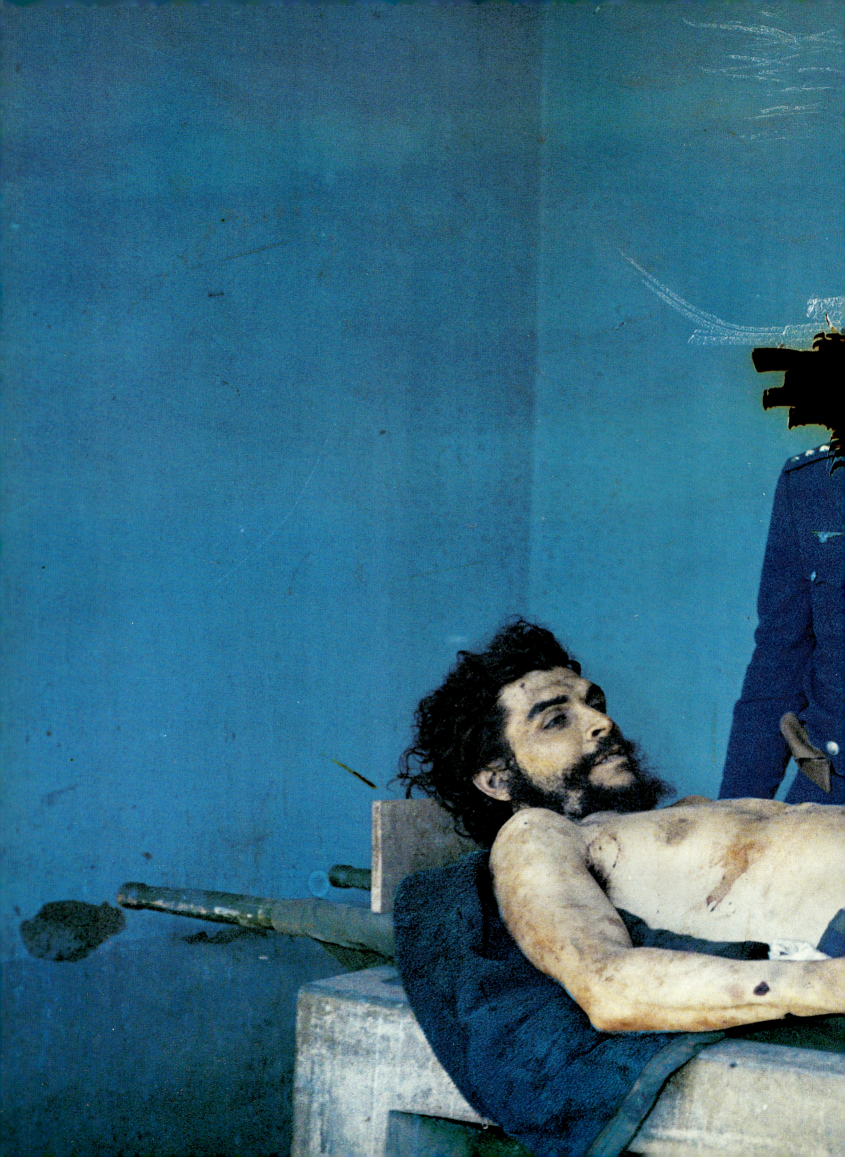

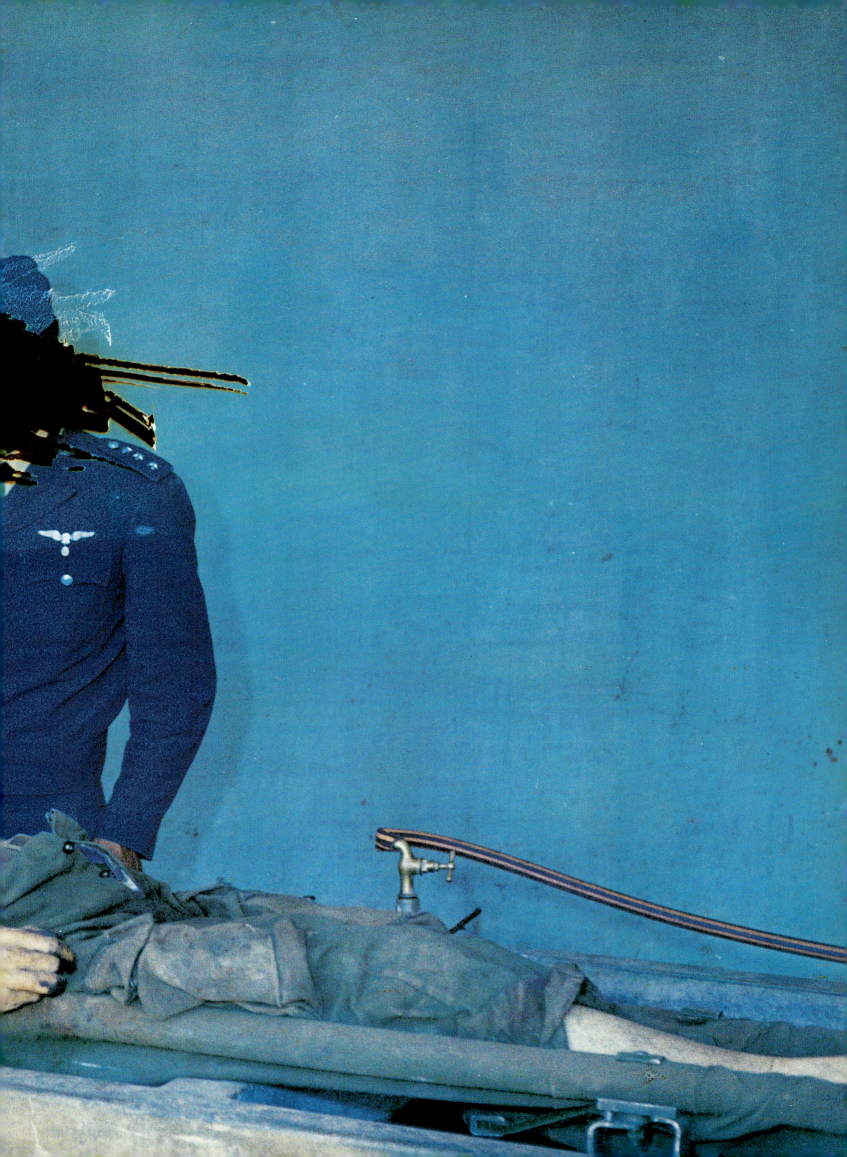

SAN ERNESTO

Et c'est peut-être là, dans ce lavoir d'hôpital, qu'a lieu le coup de théâtre tant attendu. Les photographies que reprendront toutes les agences montrent un visage étonnamment vivant. Les yeux surtout, si brillants. Une nonne ressort de l'hôpital de Vallegrande en prétendant avoir vu le corps du Christ descendu de la croix. La comparaison sera souvent reprise, et nous plaidons coupable.

Che vive!, annonce un graffiti sur la façade de l'épicerie de Pucara, petit village endormi entre La Higuera et Vallegrande, sans que l'on sache vraiment s'il s'agit d'un appel à reprendre le flambeau de la révolution, où à allumer un cierge dans l'église de la place centrale. Doña Saïda, patronne du magasin, a choisi son camp : « À La Higuera, ils ont tous prié pour la petite âme du Che, et ils ont eu de la pluie deux jours avant nous ! » L'histoire a fait le tour du monde, d'un San Ernesto de La Higuera, protecteur des voyageurs, archange souverain contre les accouchements difficiles, et patron des chèvres égarées, aux réapparitions miraculeuses. On peut en sourire, si la mémoire du Che en Bolivie, durant les décennies de dictature militaire, n'avait survécu que dans la fragile lueur de quelques bougies, pieusement entretenue dans les églises de cette région parmi les plus pauvres du continent. Ce que n'ont pas oublié les « gauchistes » d'aujourd'hui, pleins d'indulgence envers cette église qui les aide discrètement. Mais alors, pourquoi les paysans n'ont-ils pas appuyé la guérilla quand elle avait besoin d'eux ? Pedro Montalvo, alors élu par le village pour régler les différends juridiques, se souvient : « La propagande diffusée par la radio leur faisait très peur. Beaucoup venaient me consulter pour savoir comment réagir. Je leur répondais qu'il fallait se taire, ne donner d'informations ni à l'armée ni aux guérilleros, que cela ne nous concernait pas. C'est seulement avec l'arrivée de radios libres, puis surtout de la télévision, que nous avons compris pourquoi les guérilleros étaient venus, leur mission de justice sociale. » Sa femme l'interrompt pour nous montrer l'image du Che qui domine le lit conjugal, voisine d'un chromo de la vierge Marie. « Quand je vais à l'église, explique-t-elle, je prie d'abord le bon dieu, et ensuite San Ernesto. Il peut faire des miracles. » Et devant le regard réprobateur de son mari : « Au moins, il peut intercéder auprès de Dieu pour qu'il fasse des miracles, non ? »

La chambre de Pedro Montalvo et de sa femme. Pucara, 2002.

LE BAGAGE À MAINS

Juan Coronel serait bien resté plongé dans ses lectures — les aventures improbables d'un Don Quichotte ou de tout autre — si le destin ne l'avait désigné du doigt avec insistance, lui demandant de reposer son livre pour vivre une de ces *Nouvelles exemplaires*. Ce qu'il fit, et fit bien, avant de reprendre sa lecture là où il l'avait laissée, et non sans s'excuser de cette courte et involontaire intrusion dans l'univers des personnages de romans.

En 1969, à La Paz, cet employé de bureau de trente-deux ans habite une cave sombre et humide de deux mètres sur quatre. Un lit de camp et une chaise pour tout mobilier, et quelques piles de cartons où il entasse ses livres. Par une chaude soirée du juillet austral, son ami Jorge Sattori — tous deux militent au Parti communiste bolivien — frappe à sa porte pour lui annoncer qu'il a rendez-vous dans un café avec Victor Zannier. Il l'invite à l'accompagner.

Zannier, proche du PC, s'est rendu célèbre pour avoir transporté jusqu'à Cuba le microfilm du Journal du Che en Bolivie, qu'allait s'empresser de diffuser mondialement Fidel Castro, au nez et à la barbe, si l'on peut dire, d'une pléiade d'éditeurs venus à La Paz pour s'en disputer les droits. Ce microfilm avait été confié à Zannier par le ministre de l'Intérieur bolivien de l'époque, Antonio Arguedas Mendieta. Un de ces hommes qui conçoivent leur existence comme une pièce de théâtre, et à qui la politique sud-américaine offre un vaste tréteau, hésitant souvent entre les genres comique ou tragique. Personnage qui trouva une sortie de scène à sa mesure. En février 2000, alors âgé de soixante-douze ans, Arguedas prend livraison d'un paquet lors d'un rendez-vous nocturne dans une rue de La Paz — en fait une bombe qui allait exploser dans ses bras quelques minutes plus tard. Bien entendu, l'épisode reste pour le moment inexpliqué. Mais mieux vaut arrêter là cette introduction, toute histoire en Bolivie ayant tendance à se ramifier vers un infini baroque, digne des grandes épopées de Garcia Marquez.

Revenons donc à nos deux hommes, assis ce soir-là dans un café, à la même table que Victor Zannier. Celui-ci les charge de ramener secrètement une mallette vers Cuba. Il leur annonce avec le plus grand sérieux qu'elle contient, outre le masque mortuaire, les mains de Che Guevara. Des

---

Juan Coronel à La Higuera, octobre 2002.

médecins légistes avaient en effet découpé les mains du révolutionnaire avant son enterrement, afin d'obtenir une identification incontestable.

Zannier est allé récupérer les objets dans l'ancien domicile d'Arguedas, logiquement chargé de cette identification alors qu'il était ministre de l'Intérieur. Il les découvre sur un autel, dans un petit caveau creusé sous l'ancienne chambre du ministre. Les deux bocaux emplis de formol sont entourés des photos de Guevara, Inti et Coco Peredo, et des drapeaux cubains et boliviens entre-croisés…

Le transport jusqu'à Cuba n'est pas sans risque. Le choix de l'homme sera vite établi : célibataire, militant communiste de base, inconnu des services de renseignements, Juan Coronel fera le voyage. Pour éviter les fouilles à chaque escale, le mieux est de porter la mallette comme bagage à mains (!), lesquels alors ne sont pas contrôlés dans les aéroports.

Le sac de voyage restera six mois sous son lit, le temps qu'il réunisse l'argent nécessaire au long périple qu'il estime le moins risqué. Enfin, le 28 décembre 1969, la peur au ventre, il embarque à l'aéroport de La Paz. L'avion fera escale à Lima, Guayaquil, Bogota et Caracas avant de se poser à Madrid. Chaque frontière, poste de police, douane, se transforment, dans l'esprit du militant communiste, en autant de lignes ennemies qu'il doit franchir. De l'Espagne franquiste, il s'envole pour Paris, avant de rejoindre Budapest et enfin Moscou, où il débarque le 3 janvier, sans que jamais son « bagage à mains » ne soit fouillé. Il retrouve alors Victor Zannier, et tous les deux informent l'ambassade de Cuba à Moscou, se préparant déjà à un dernier voyage, cette fois triomphal, entre l'URSS et Cuba. La réponse venue de La Havane — en fait la décision de Fidel Castro — va marquer Juan Coronel pour le restant de ses jours. On les informe en effet que Zannier peut bien porter le précieux reliquaire, mais pas Juan Coronel, « militant d'un parti traître ». Le secrétaire général du PC bolivien, Mario Monje, avait refusé de venir en aide au Che dès le début de son expédition. Juan Coronel prendra donc le chemin du retour, amer, laissant à son compagnon le soin de recueillir seul les honneurs cubains.

Il est aujourd'hui administrateur du Cambridge College de Santa Cruz, école privée anglophone dont la devise est de « former les leaders de demain »… Avec quelques enseignants, il a organisé en 2002 une sortie scolaire à La Higuera, initiative qui a reçu un accueil plus que froid de la part de beaucoup de parents d'élèves. C'est que l'épisode guérillero divise encore en Bolivie. L'armée organise chaque 9 octobre un défilé militaire, sur la place centrale de Vallegrande, en l'honneur des « vaillants soldats qui ont sacrifié leur vie pour repousser la rébellion menée par des étrangers ».

Et les mains, le masque mortuaire ? Après avoir songé un temps à les exposer dans une mise en scène du plus pur style « kitch caribéen », Fidel Castro les aurait finalement remisés dans un endroit plus discret dont il garde le secret. C'est que l'appropriation des restes, et surtout de l'image du Che prennent chez lui des dimensions anthropophagiques. L'arrivée de Juan Coronel à l'aéroport de La Havane aurait fait de lui un ange ailé, grand annonciateur du retour sur l'île du transfiguré. C'en était trop pour Fidel, seul gardien du sens et du signe. Quand cela touche au Che, il n'est pas disposé au partage, qu'il s'agisse de dépouille ou d'image.

Chambre dans un hôtel de Santa Cruz, où d'après le propriétaire, Che Guevara aurait passé la nuit. En fait, il n'a jamais séjourné dans aucun des hôtels de la ville.

CUBA : QUELQUES CLICHÉS DE L'ALBUM DE FAMILLE

Difficile de penser le Ernesto Guevara sans que ne vienne se superposer — toile de fond obsédante — le célèbre portrait du « Guerillero heroico ». Suivre sa trace au Congo puis en Bolivie, c'était choisir de décomposer cette image pour qu'elle se fasse moins prégnante. Lui-même semble nous y inviter, multipliant avec complaisance les masques, dédoublements et fausses identités. Près de trois années de disparition, et peut-être plus encore, d'occultation ; jusqu'à sa réapparition, allongé sur le lavoir de l'hôpital de Vallegrande. Soulagement pour les uns, épiphanie pour les autres, qui dès lors auront à cœur de se ressaisir de son image. Comme pour exorciser ces années où l'identité du héros était devenue trop flottante, énigmatique. Dernière étape de ce voyage : Cuba, où sont nées les photographies sur lesquelles allait s'édifier la légende du Che.

La Havane. Il faudra se frayer un chemin entre les stéréotypes nouveaux des dépliants touristiques. Révolution, rhum et rumba, sans oublier ces voitures américaines échappées d'une bande dessinée de Batman, qui font le bonheur des nostalgiques des *fifties*. Les amateurs d'architecture coloniale choisiront, quant à eux, une promenade en calèche dans la Vieille Havane, sous les regards perplexes d'une longue queue de citadins attendant le prochain bus. Depuis que le socialisme réel ne fait plus peur, l'île s'est transformée en un vaste communisme-land aux animatrices bien plus accortes que celles de Disney. C'est que le tourisme sexuel s'est largement développé à Cuba, rappelant à des temps pré-révolutionnaires, quand la belle Caribéenne offrait tous les plaisirs au riche voisin nord-américain. Ce flirt un peu glauque aidera à renverser un Batista corrompu, mêlé aux trafics mafieux les plus divers, dont la prostitution.

Pour beaucoup, tout est bon pour échapper à l'économie du peso, et ses heures d'attente devant des épiceries mal garnies. Du riz jusqu'aux cigares, le meilleur et parfois l'essentiel se monnaie en dollars. Des techniciens surqualifiés préfèrent abandonner leur salaire dérisoire pour un poste de serveur ou de taxi, pourvu qu'il les mette en contact avec les touristes, premiers pourvoyeurs de billets verts sur l'île. Mais si l'étranger dénonce cette double économie inégalitaire, on

---

Ci-dessus : **Paquet de mouchoirs en papier, 2003. Institut international d'Histoire sociale, Amsterdam.**
Double page suivante : **Dans une échoppe, une affiche pour le 44ᵉ anniversaire de la Révolution, La Havane, 2003.**

lui rappelle bien vite que le taux d'alphabétisation se situe au-delà des 90 %, et que la couverture médicale a de quoi faire pâlir nombre de pays dits développés. L'espérance de vie à Cuba n'a rien à voir avec celle du tiers-monde.
Orgueil national à fleur de peau, qu'alimente à souhait le grand voisin yankee, en maintenant un embargo obsolète. Le bras de fer qui faillit plonger en 1962 la planète dans un embrasement atomique, s'est transformé en un jeu de petites vexations réciproques. Fidel Castro ne pouvait espérer plus de complaisance pour se maintenir au pouvoir. Dans le très surprenant « coin des crétins » du musée de la Révolution à La Havane, le soutien apporté par George Bush et Ronald Reagan n'est d'ailleurs pas sous-estimé : « Merci, crétins, pour nous avoir aidés à consolider la révolution. »

INSULARITÉ

L'image à Cuba ? Une affaire d'État, on s'en doutait. Mais à l'heure où même la Chine populaire couvre ses villes de panneaux publicitaires, l'île fait figure de dernière citadelle imprenable, imperméable au raz-de-marée des logos Nike, Mac Donald ou Sony. L'image est révolutionnaire ou n'est pas, tout simplement. Si bien qu'elle n'*est* pas souvent… Presse écrite et télévision (toutes deux exclusivement étatiques) se vident de tout sens dans le ressassement bigot des mêmes images en noir et blanc, qui fonctionnent comme autant de déclencheurs pavloviens d'un récit appris par cœur. Images d'Épinal qui peuvent se passer depuis longtemps de toute légende explicative.
On finirait par s'y habituer, si certaines scènes n'étaient là pour nous rappeler que le « crocodile vert », ainsi que l'on

---

Peinture murale d'un ancien Parc pour enfants. Le héros, Elpidio Valdes, est l'Astérix cubain, devant sans cesse lutter pour l'indépendance de l'île. La Havane 2002.

surnomme l'île caribéenne, a une fâcheuse tendance à se mordre la queue. Le 1er janvier 2003, la télévision cubaine diffusait un reportage tourné la veille. Une équipe de journalistes avait suivi Fidel Castro en visite à Brasilia pour assister à l'investiture du Président Lula, le 31 décembre donc. Dans une salle de son hôtel, debout devant un poste de télévision, le « Leader Maximo » a déjà suivi les scènes de liesse à Rio de Janeiro. Ses hôtes brésiliens ont alors la bonne idée de zapper sur la chaîne cubaine : le décalage horaire entre les deux pays fait que minuit n'a pas encore sonné à Cuba. Une bonne idée : assister au 1er de l'an vu de La Havane ! Minuit enfin. Sur fond de musique lyrique, défile alors le résumé en images de la vie et de l'œuvre révolutionnaire de Fidel Castro. Pointant du doigt l'écran, celui-ci se met à commenter avec ferveur chacune des photographies, comme devant les pages d'un album de famille. Silence gêné de l'auditoire…

Le portrait du Che, omniprésent à Cuba ? Loin s'en faut. Pas plus qu'on ne trouve de bêtises dans les buffets de Cambrai, ou de gourdes en forme de Vierge Marie sur ceux de Lourdes. Un pur produit d'exportation, né de la demande touristique et qui connaît surtout, en fait d'autels, les présentoirs des magasins de souvenirs, à Cuba comme ailleurs. Au panthéon des héros nationaux, Guevara est détrôné, et de très loin, par José Marti, mort pour l'indépendance de l'île en 1895. Chaque école ou CDR (Comités de défense de la révolution qui quadrillent villes et campagnes) se doit d'honorer le buste du martyr. Viennent ensuite, en ordre de fréquence

---

Dans la chambre d'un particulier, un poster d'Elvis Presley. À Cuba, l'icône du Che connaît une concurrence parfois surprenante. La Havane, 2002.

d'apparition, Fidel Castro, Che Guevara, Camilo Cienfuegos et enfin, Raul Castro.

S'ils ressentent de l'affection pour l'Argentin qu'ils ont adopté, les Cubains n'en décorent pas pour autant les murs de leur séjour avec des portraits du Che. Et les artistes indépendants vous répondront, un brin dédaigneux, que si l'on ne trouve pas trace du béret étoilé sur leurs toiles, c'est qu'ils ne font pas de peinture officielle ou commerciale. Les guides touristiques nous ont donc menti.

ÉTERNELLEMENT JEUNE

Pour les touristes, on trouve décliné sur tous les supports imaginables (à l'exception notable de la « boule-de-neige ») un seul portrait, le plus célèbre : celui réalisé par le photographe cubain Alberto Korda en 1960, et que nous appelons « l'icône » — nous y reviendrons. Dans les lieux officiels, la variété est en revanche de mise. Deux grandes catégories se dessinent. D'un côté des portraits plutôt intimistes, Che souriant ou pensif, joueur d'échecs ou fumeur de cigares contemplatif : ce sont ceux que l'on aperçoit dans les lieux fermés, écoles, CDR ou entreprises d'État. De l'autre côté, un Che comme symbole de la jeunesse rebelle, incarnant la vitalité d'une révolution toujours en marche, et que l'on retrouve surtout dans les lieux publics ouverts. Ainsi en a décidé le service de propagande du comité central du Parti communiste cubain, qui répond au doux nom de DOR, Département de l'orientation révolutionnaire.

Premier « haut-lieu » de la mémoire du Che, le Mémorial devenu plus tard mausolée de Santa Clara, où reposent les restes du corps retrouvés à Vallegrande, en Bolivie. La statue

---

Ci-dessus et à droite : **Posters du Che dans une menuiserie d'État et dans un CDR, Comité de défense de la Révolution. La Havane, 2003.**

qui domine le bâtiment a été coulée dans le bronze en 1987. Un Che en marche, avec sur son socle la célèbre injonction : *Hasta la victoria siempre* (Jusqu'à la victoire, toujours). Le bras en écharpe rappelle qu'une chute, lors de son avancée sur les toits de la ville, n'avait en rien freiné sa progression victorieuse. Au musée de la Révolution à La Havane, une statue en cire reprend cette même image d'un Che en marche, mitraillette au point. Le message est clair : rien ne saurait arrêter l'élan révolutionnaire.

Dans la première période qui avait suivi la chute de Batista, c'est plutôt Fidel Castro qui endossait ce rôle de Prométhée de la révolution. Exemple parmi beaucoup d'autres, dans l'édition originale de *Le socialisme et l'homme à Cuba* (1965), l'essai de Guevara est suivi d'un « témoignage graphique » où le « Cheval » (un des nombreux surnoms de Castro) est là pour illustrer la complétude de l'individu dans le socialisme. Sa flexion dans le lancer de balles de base-ball est un peu témérairement comparée à celle d'une superbe Diane discobole. On aura aussi droit à un Castro en plongée sous-marine (sa passion), en golfeur, etc... Au fil des années et d'une barbe blanchissante, il remisera son survêtement sur les penderies de l'Histoire, pour ne le ressortir que dans les grandes occasions. On se souvient ainsi d'une spectaculaire démonstration de base-ball, lors de la visite du Pape en 1998. Mais selon ses propres termes, le seul « record olympique » auquel il puisse encore aujourd'hui sérieusement prétendre, est celui de la longévité au pouvoir. Si bien que, peu à peu, le rôle de champion d'une révolution toujours renaissante sera dévolu au Che, dont la mort prématurée offrait la figure inaltérable d'une ardente révolte, insensible aux vexations du temps.

Page 312 : **La vignette consacrée à Guevara dans le livre *Martyres et Héros de la Moncada*. Un groupe dirigé par Fidel Castro attaquait sans succès cette forteresse de l'armée cubaine, le 26 juillet 1953. Hommage inattendu à un Guevara qui n'avait pas pu participer à l'opération, puisqu'il ne rencontra les frères Castro qu'en 1955.**

Page 313 : **Photographie colorisée et repeinte, trouvée à La Havane, dans un local des jeunesses communistes à la fin des années 80. Collection Patrick Amsellem.**

Double page précédente (pages 314-315) : **Statue de Guevara qui domine le Mémorial de Santa Clara, La Havane, 2003.**

Ci-dessus : **Dans le « témoignage graphique » de l'édition originale de *Le socialisme et l'homme à Cuba*, La Havane, 1965.**

À droite : **Statue de cire à taille humaine au musée de la Révolution, La Havane, 2002.**

Double page suivante (pages 318-319) : **Place de la Révolution lors de la visite de Léonid Brejnev en 1974. Photographie tirée de l'album *Les mains de Guevara*, Moscou, 1974.**

PLACE DE LA RÉVOLUTION

Second « haut-lieu », la place de la Révolution au cœur de La Havane, où s'élève l'ancien ministère de l'Industrie. C'est dans ce bâtiment que plusieurs de ses amis verront pour la dernière fois Guevara, peu de temps avant son départ pour le Congo. Il abrite aujourd'hui le ministère de l'Intérieur, mais depuis l'annonce de la mort du Che par Fidel Castro, sur sa façade se sont succédé différents portraits géants du guérillero. Là encore, grâce à ce renouvellement quasi annuel, le Che semblait toujours plus jeune — à l'instar de Carlos Gardel, qui depuis sa mort, prétendent les Argentins, chante chaque jour un peu mieux.

Mais, depuis 1995, c'est une monumentale esquisse en bronze de la photographie de Korda, « l'icône », qui orne la façade. Rigueur budgétaire ou concession au tourisme ? La place est un des points de passage obligé pour tout étranger en visite à Cuba. Depuis qu'en 1989, Castro décidait de lier l'économie de l'île à son ouverture au tourisme, cette image semble s'imposer comme représentation officielle définitive, au détriment de tous les autres portraits. Elle est devenue un enjeu économique, un des attraits majeurs de l'île, au même titre que le cigare, le rhum ou les jolies femmes. Guevara, peu soupçonnable d'hédonisme, doit se retourner dans sa tombe…

Ci-dessus : **Place de la Révolution, le ministère de l'Intérieur, La Havane, 2002.**
À droite : **« Hasta la victoria siempre » du peintre officiel René Mederos, 1991.**

HAGIOGRAPHIE

Avant de devenir une image, et une seule, Guevara était représenté par des photographies qui mettaient en avant son apport à la construction révolutionnaire : guérillero auprès de Fidel et Camilo, ministre de l'Industrie, travailleur volontaire et combattant internationaliste.

René Mederos (1933-1996) peintre officiel de la DOR, consacrera ses dernières années à peindre les grandes étapes de cette geste, en s'inspirant très directement de ces images. Art naïf, Pop Art ou réalisme socialiste ? Un peu de tout cela à la fois, ce qui rend son oeuvre inclassable. Il aborde le Che avec un luxe de dégradés et de couleurs vives, le tout plongé dans une lumière surnaturelle. Toutes les images de l'hagiographie officielle sont convoquées, mais après un tel traitement, elles semblent comme renvoyées aux épisodes d'un aimable conte de fées. Cette représentation colle finalement assez bien à celle que se font la majorité des Cubains de ce fils adoptif. Chacun d'entre eux, durant son enfance, aura chanté tous les matins d'une nouvelle journée d'école, une comptine qui se conclut par « y seremos como el Che » (et nous serons comme le Che…) sans qu'aucune biographie sérieuse ne soit jamais diffusée sur l'île, ce qui rend plus difficile encore l'exercice. Reste donc à imaginer les couleurs de cet univers enchanté que décrit si bien la propagande officielle.

Mais revenons à ces photographies d'un premier Che. Nous en avons rencontré les principaux auteurs.

Huiles sur papier tirées de la série « El laminario del Che » par le peintre René Mederos (1991-92). À gauche : « Observation ». Ci-dessus, de haut en bas, de gauche à droite : « Rivière Nancahuazu », « Un blessé », « Rocinante », « Le campement », « La garde », « Le Che et l'asthme ».

DES CHAMBRES AUX OUBLIETTES

« J'ai pris une bonne résolution pour 2003 », annonce d'emblée Liborio Noval, en nous accueillant dans sa maison de Vedado, à l'ouest de La Havane. Œil vif et sourire d'éternel séducteur, il est l'un des pionniers de la photographie cubaine moderne, qui naît en 1959, à l'arrivée des *barbudos* dans la capitale. L'histoire semble alors s'accélérer, ne plus s'accorder au rythme des lourdes chambres photographiques, accompagnées d'un arsenal de trépieds, plaques sensibles, flash et batteries. Un groupe de jeunes photographes remise tout cet attirail, plus approprié aux digestions de repas de mariage qu'à l'ébullition révolutionnaire, pour l'échanger contre de petits appareils légers et autonomes : les déjà célèbres Leica et Nikon. Par un jeu de hasard et d'amitié, Raul Corrales, Alberto Korda, Osvaldo Salas, son fils Roberto et enfin Liborio Noval se retrouvent à la rédaction de *Revolucion*, le journal jusqu'alors clandestin du mouvement rebelle. Lequel, après une fusion avec le quotidien communiste *Hoy*, sera rebaptisé en 1965 *Granma*, encore aujourd'hui organe officiel du parti unique. « C'est décidé, poursuit Liborio Noval, dès demain j'arrête de travailler au journal pour me consacrer à mon travail personnel. » Belle longévité.

Noval est l'auteur de quelques-unes des images les plus célèbres de l'ancien ministre de l'Industrie, qui avait mis en place, suivant le principe d'une « utilisation intensive des stimulants moraux », le système du travail volontaire non payé, auquel il consacrait lui-même ses dimanches.

« J'ai rencontré le Che pour la première fois le 26 février 61, alors qu'il venait d'être nommé ministre, sur un chantier du travail volontaire. Il fallait construire des maisons pour reloger les habitants des bidonvilles. Il vient vers moi, me demande si j'étais venu pour travailler. Je réponds que oui, bien sûr — je pensais à mon reportage ! Il m'a alors dit de déposer mes appareils dans un coin et de le suivre. En fait, il voulait que je l'aide. Monter des parpaings, remplir la brouette de ciment… À la fin de la matinée, il m'a tout de même laissé un peu de temps pour faire mon reportage, avant de me convoquer pour la semaine suivante. C'est vite devenu une habitude. Coupe de la canne à sucre, usine de recyclage des cartons… Il demandait tout d'abord aux techniciens quel était le rendement moyen de la tâche qu'il avait à faire, puis il mettait un point d'honneur à dépasser le quota. »

Le Che aux champs, le Che à l'usine, le Che à la mine. Chaque lundi, le journal *Revolucion* ajoute une nouvelle petite image à la collection « le ministre relève ses manches », quand il n'est pas torse nu. Il est loin de vouloir initier là un début de culte de la personnalité. Tous les photographes qui l'ont croisé sont unanimes pour dire qu'il était gêné de se savoir devant un objectif. S'il accepte de se mettre ainsi en scène, c'est que la situation économique de l'île est désastreuse — ce que certains hauts responsables imputent déjà à leur ministre de l'Industrie. Alors, comme à son habitude, infatigable pédagogue par l'exemple, Guevara préfère ne pas leur répondre, mais se met au travail pour appeler chaque Cubain à faire de même. Fin 1963, il demande pourtant à Noval de continuer à venir les dimanches, mais désormais sans ses appareils photos. C'est que le lundi est aussi jour du conseil des ministres. Autour de la table, journal grand ouvert sur la page rapportant les exploits du preux chevalier de l'économie cubaine, certains avaient pris l'habitude de plaisanter le rigorisme sacrificiel très peu caribéen de leur collègue argentin.

Il est vrai que la « collection » répond à une esthétique très éloignée de la culture hédoniste de l'île. Elle aurait même plutôt à voir avec les canons en vigueur à Moscou ou à Pékin.

À droite : **Travail volontaire dans une usine de recyclage du papier, La Havane, 1963. Photographie Liborio Noval.**
Double page suivante : **Chantier de construction d'habitations, La Havane, 1961. Photographie Liborio Noval.**

TRAVAIL VOLONTAIRE

Guevara n'est pas tendre avec les photographes. Pour avoir le droit de griller les pellicules « que le peuple cubain achète en devises étrangères », ainsi qu'il ne manquait pas de le leur rappeler, chacun devait d'abord prouver son aptitude au sacrifice révolutionnaire. Alberto Korda en fera lui aussi l'expérience. Avant d'être autorisé à creuser un peu plus le déficit de la balance du commerce extérieur du pays, c'est-à-dire à prendre des photos, il devra couper la canne à la machette durant plusieurs jours. Ce qu'il n'aura pas à regretter, puisqu'il pourra ensuite saisir le Che au volant d'un des fleurons de la coopération soviéto-cubaine, visage noirci par les cendres d'un champ de canne brûlé avant la récolte. Cette photographie sera l'une des plus reproduites à Cuba, surtout dans les années 70, quand il convient de s'attirer les grâces du grand frère soviétique.

Guevara pourrait faire sienne la maxime d'Auguste Comte « ordre et progrès », mais il la pousse parfois aux extrêmes d'une passion mécaniste qui fait aujourd'hui froid dans le dos : « L'image de la foule marchant vers le futur induit le concept d'institutionnalisation : un ensemble harmonieux de canaux, échelons, barrages — appareils bien huilés qui rendront possible cette marche, la sélection naturelle de ceux destinés à marcher à l'avant-garde ; et qui donneront les récompenses à ceux qui s'acquittent de leur devoir, les châtiments à ceux qui attentent à la société en construction » (*Le socialisme et l'homme à Cuba*, 1965).

Ci-dessus : **Guevara à bord d'un fleuron de la coopération soviéto-cubaine, lors de la Zafra de 1963. Photographie d'Alberto Korda (Korda/ADAGP).**
À droite : **Couverture du magazine cubain *Bohemia*, juillet 1959.**

APPAREILS

La technique, ses beaux rouages et ses appareils photographiques toujours plus sophistiqués. Son talon d'Achille peut-être, puisque nous l'avons vu, ce sont des photographies qui ont dénoncé sa présence auprès de l'armée bolivienne. Le photographe français Roger Pic, lors d'un reportage à Cuba en 1963, aura ainsi la surprise de voir le Che lui demander de lui prêter son appareil, en marge d'un déplacement officiel. « Soudain, il a tourné l'appareil vers moi et m'a cadré. J'étais pétrifié, me voyant déjà en possession d'un "portrait du photographe par Che Guevara". Il fait la mise au point, sélectionne la vitesse... et finalement me rend le tout sans avoir déclenché. Dommage. » Liborio Noval sera plus chanceux. « C'était place de la Révolution, le grand défilé du cinquième anniversaire, et je vois le Che faire des signes vers le groupe de journalistes. C'est mon téléobjectif qui avait attiré son attention : un énorme trois cents millimètres, rarissime à l'époque. Je lui prête l'appareil, et avec mon deuxième boîtier, en profite pour le prendre en photo. De retour à la rédaction, je vois sur le négatif qu'il avait photographié Fidel, douze gros plans de Fidel en plein discours. Elles sont un peu floues, mais bon... »

Ce jour de l'an 1964, Guevara photographie Fidel Castro, comme il n'a jamais cessé de le faire. Les liens qui unissent les deux hommes sont plus que complexes.

Ci-dessus : **Le Che avec l'appareil de Liborio Noval, le 2 janvier 1964, et le portrait de Fidel Castro qu'il prend à cette occasion.**
À droite : **Le Che avec un appareil de Roger Pic. Photographie de Roger Pic, 1963.**
Double page suivante : **Photographie de Roberto Salas. Fidel Castro et Che Guevara au Palais présidentiel de La Havane, janvier 1959 (Salas/Rue des Archives).**

ROBERTO SALAS

L'aventure d'un père et de son fils, si intimement liée que devant chaque photographie, la question se pose : Osvaldo ou Roberto ? Osvaldo, le père, immigre aux États-Unis en 1928, et monte à New York un studio de photographe. Il garde des liens avec son pays d'origine, devient correspondant de la revue *Bohemia*. Ce qui le conduit à rencontrer Fidel Castro en 1955, déjà leader de l'opposition à Batista, venu chercher des soutiens politiques et financiers pour relancer un mouvement de rébellion sur l'île. Roberto, son fils, a abandonné prématurément ses études pour aider la petite entreprise familiale. « J'avoue ne pas me souvenir de cette première rencontre : je n'avais que quatorze ans. Mais quatre ans plus tard, quand j'ai appris que les guérilleros étaient entrés dans La Havane, je suis monté dans le premier avion pour Cuba. J'ai rencontré Castro le 8 janvier 59, il m'a tout de suite demandé de rejoindre le journal *Revolucion*, et de faire venir mon père, resté à New York. C'était une période incroyable, tout se faisait et se défaisait très vite. Débarqué des États-Unis avec une simple valise, je squattais le laboratoire photo du Palais présidentiel. C'était un peu le QG de la révolution. Vers deux heures du matin, le 10 janvier, je monte dans les étages, et tombe par hasard sur Fidel en pleine discussion avec le Che. De jour comme de nuit les gens allaient et venaient, l'activité était permanente, si bien qu'ils ne m'ont pas prêté attention. Mes premières images sont illisibles, du fait du manque de lumière. Et soudain, Fidel s'est interrompu pour rallumer son cigare. J'ai profité de la lumière de l'allumette pour déclencher... »

Nous avons retrouvé l'image de Roberto Salas, la plus intimiste du couple que forment les deux hommes, sur la pochette d'un disque pressé à l'occasion du neuvième anniversaire de la Révolution. L'enregistrement reproduit la lecture

---

Disque édité en 1968, reproduisant la lecture de la lettre d'adieu du Che, rendue publique par Fidel Castro.

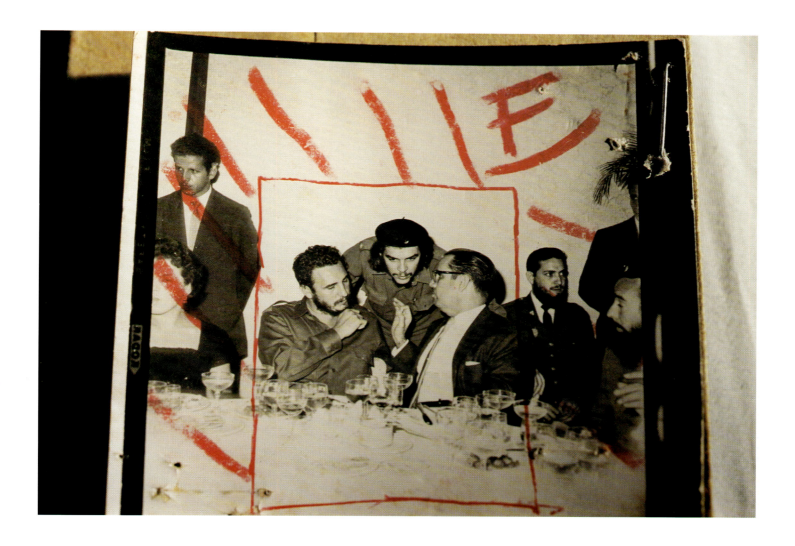

publique par le « Leader Maximo », le 3 octobre 1965, de la lettre d'adieu que lui donne Guevara avant son départ pour le Congo. De toute évidence, une lettre qui n'est pas destinée à être rendue publique, et dont la lecture signe la mort politique du Che sur l'île. Le choix de l'image ne doit rien au hasard. Ce qui loin des Caraïbes a pu apparaître comme une trahison est transformé par l'appareil cubain en un rappel de la fraternité qui unissait les deux hommes. À Cuba, le texte est reproduit sous toutes les formes, de la carte postale jusqu'à la pierre gravée, au Mémorial de Santa Clara : nouvelle victoire politique donc pour Fidel Castro.

Et plutôt que de trahison, il serait plus juste de parler de partage des rôles. Entre un homme d'appareil et un guerrier téméraire, qui fait du sacrifice un idéal de vie. Il serait un peu trop simple de sanctifier un Guevara idéaliste, immolé sur l'autel de bas calculs politiciens. D'opposer celui qui n'aura pas le temps d'avoir raison, à celui qui aura finalement tort. Mieux vaut réfléchir à la logique de deux destins, qui n'étaient rien l'un sans l'autre.

La révolution cubaine se construit en partie autour de la rencontre de deux hommes hors du commun, plutôt complémentaires qu'opposés. L'un qui en porte la parole, et l'autre l'image. Fidel Castro est abondant, intarissable, célèbre pour ses discours-fleuves, craint dès qu'il monte sur une tribune, et d'une longévité politique qui a depuis longtemps dépassé la décence. Ernesto Guevara connaîtra une vie publique courte, parsemée par les longues absences de ses voyages à l'étranger, mais les photographes qui l'ont croisé s'étonnent encore de voir à quel point il a marqué leur travail. Bien sûr, c'est qu'il est devenu une *image*, et que cette image s'exporte bien. Mais quand Fidel allume son cigare, c'est tout de même le visage du Che qui capte la lumière.

Détail d'une planche contact où Che Guevara est en compagnie de Fidel Castro et du président Osualdo Dorticos. Archives de Prensa Latina, La Havane, 2002.

L'ÉTRANGER

« Le Che était très photogénique, poursuit Roberto Salas. Difficile de le rater. Mais il n'aimait pas être photographié… Plus tard, j'ai compris qu'il sentait physiquement la présence du photographe, et il m'a souvent demandé : "alors ça y est, tu as fini ?" Peut-être parce qu'il avait été lui-même photographe, à Mexico, et qu'aucun de nous n'aime être photographié. Mais surtout parce que, même s'il avait conscience de son rôle dans la révolution, il ne voulait pas devenir une sorte d'image indispensable, incontournable, comme celle qu'incarnait Fidel. »

Voilà qui éclaire singulièrement les expériences douloureuses de photographes coupeurs de canne ou pousseurs de brouettes, coupables dispensateurs des rares devises de l'État. Ernesto Guevara ne veut pas multiplier les attaches avec un pays qui n'est pour lui qu'une étape. S'il accepte d'apparaître dans l'album de famille, c'est toujours avec une sorte de retenue, comme s'il devait s'excuser de ne pas être tout à fait présent. Il sait que bientôt il lui faudra s'éclipser discrètement, pour ne pas gâcher la fête.

Luc Chessex est un photographe suisse qui, en 1961, décide de s'installer à Cuba. « Compagnon de route », il ne prendra jamais de carte au Parti communiste, et subira en 1975 un retour *manu militari,* aussi brutal qu'expliqué, vers sa Suisse natale. De 1963 à 1966, il est photographe de Prensa Latina, l'agence créée par Guevara. C'est dans ce cadre que celui-ci lui passe une commande assez inhabituelle.

Contrairement à Castro qui adore l'exercice — le Che n'apprécie pas d'être suivi par les photographes, ce que lui impose journellement sa position de numéro deux de l'appareil cubain. Il va donc commander à Luc Chessex un grand reportage où seront résumés tous les aspects de sa vie familiale et professionnelle. De quoi satisfaire définitivement, croit-il, la curiosité journalistique. La vie au ministère, les dimanches de travail volontaire, le repos auprès d'Aleida et leurs enfants… « Le Che avait un rapport difficile avec son image, témoigne le photographe. Moins on le voyait, et mieux il se portait. Il se voulait un travailleur parmi d'autres — ce côté ascétique qui faisait qu'à Cuba, il était plus admiré qu'aimé. L'affection allait plutôt vers Fidel, sujet à l'époque de tous les graffitis, bricolages et statuettes spontanés… » Quand Guevara apprend que le photographe suisse prépare un ouvrage sur Cuba et qu'il compte utiliser les images prises à cette occasion, il lui demande de ne jamais utiliser ce reportage hors du cadre pour lequel il a été réalisé. « Encore aujourd'hui, je me tiens à cette promesse. Non que je sois plus vertueux qu'un autre, mais simplement que je considère qu'il existe assez d'images très bonnes du Che. J'ai trouvé plus intéressant de développer un travail autour de la présence de ces images dans le monde. »

COURSE-POURSUITE

Le Che fuit les photographes, ou tout au moins ne fait rien pour croiser leur chemin, ce qui prend parfois des allures de vaudeville.

Henri Cartier-Bresson, à qui le magazine *Life* commande en 1963 un reportage sur Cuba, se souvient encore d'un dimanche transformé en course-poursuite : « Je suis parti avec René (Burri) suivre le Che dans une journée de "travail volontaire". Nous avons passé notre temps à le chercher dans tous les sens, courant dans les champs de canne à sucre. Peine perdue, impossible de le dénicher. Finalement, nous l'avons trouvé à la nuit tombée, dans un repas qui clôturait une réunion syndicale. » La vraie rencontre que l'on pouvait attendre n'aura pas lieu.

Photographie de Luc Chessex, Vallegrande, Bolivie, 1992.

LE CHE ET SES DOUBLES

Encore un jeu de cache-cache ? Il ne faut pas y voir de coquetterie. Guevara est sincère quand il commande à Luc Chessex ce reportage voué à satisfaire la curiosité de chacun, et tout aussi sincère quand il lui demande finalement… de ne pas l'utiliser. Même ministre, Guevara est encore et toujours voyageur-guérillero. Un corps en éternel mouvement, insaisissable, tout le contraire d'un corps posant. Il craint la fixation photographique, avec ce qu'elle peut avoir de rigidité mortifère, comme si chaque cliché menaçait de rendre plus difficile la prochaine métamorphose. Celle à laquelle il se prépare depuis les débuts de la révolution, quand il faisait promettre à Fidel Castro de le laisser reprendre sa liberté dès que la situation sur l'île serait plus stable.

Le Che a conscience de son image, ses autoportraits nous le prouvent. À Dar es-Salam comme plus tard à La Paz, il continuera ce même jeu du « qui suis-je ? » initié avec ses compagnons alors qu'il est prêt à partir, méconnaissable, vers le Congo. Quand il tourne l'appareil vers lui-même (images dont il est bien difficile d'obtenir les droits de reproduction), il se représente en vieillard courbé, en honorable père de famille, ou encore en fier adolescent au torse bombé. Autoportraits d'un iconoclaste…

Il faudrait pouvoir oublier l'homme stellaire aux longs cheveux, ou alors replacer le portrait de Korda dans sa véritable dimension : un des Guevara possibles, une de ses mutations particulières, celle que l'on appelle le Che. S'il avait pu prévoir qu'elle deviendrait son image définitive, cela l'aurait sans doute plongé dans des abîmes d'angoisse. Puisque cela signifiait que Tatu le pan-Africain, Ramon et Fernando en marche vers l'Argentine, avaient successivement échoué.

Ci-dessus : **Armoire de cartes postales dans un magasin de souvenirs, La Havane, 2002.**
À droite : **Guevara lors d'un repas de clôture d'une réunion syndicale. Photographie d'Henri Cartier-Bresson (Magnum), 1963.**

PHOTOGÉNIE

Depuis les décès d'Osvaldo Salas et d'Alberto Korda, Raul Corrales fait figure de père incontournable de la photographie cubaine moderne, et les visiteurs étrangers se succèdent dans sa propriété de Cojimar, petit port de pêche voisin de La Havane. Le vieillard savoure cette gloire aussi tardive qu'inattendue en tirant sur la pipe où il a fourré le mégot brûlant de son cigare, pour n'en pas perdre une miette. Cojimar, le port d'attache de Gregorio Fuentes, qui inspirait à Hemingway le Santiago de son *Vieil homme et la mer*. L'histoire d'un pêcheur qui avait pris un poisson trop gros pour sa petite barque.

Militant communiste, Corrales se lance parmi les premiers dans l'aventure du journal *Revolucion*, le 4 janvier 1959. En mai, il attend le retour d'Argentine de Fidel Castro, dont un discours est attendu sur une place de la Révolution comble. « Mon seul but, c'était de photographier Fidel, ce jour-là comme tous les autres jours. Mais il y avait devant moi cinq commandants de la Sierra Maestra. Alors… »

Alors Corrales prend une grande photographie. On imagine une estrade trop petite et branlante. Les corps se pressent dans un tel désordre que cette grappe humaine semble prête de s'écrouler, s'il n'y avait, pour lui redonner son équilibre, le visage du Che. Stoïque avant le déluge, plus messianique que jamais. Après tout, il n'est peut-être question que de photogénie… Plongez Guevara dans une foule, et voilà que tout s'organise autour de son visage. L'effet est saisissant sur une autre photographie, prise la même année lors d'une rencontre de base-ball au stade *latino americano*. Les « grands » de la révolution sont présents, mais dans la parfaite symétrie de sa pose involontaire, c'est encore lui qui semble aspirer tous les autres vers le haut. Peut-être aussi cet étrange V noir que forment sa barbe et ses cheveux… Ce n'est pas une coïncidence : cette photographie, comme celle de Corrales et « l'icône » de Korda, a été prise en contre-plongée. Dans les trois cas, le photographe est au pied d'une tribune. Tout comme les peintres classiques, quand ils représentent le Christ, sont au pied d'une croix virtuelle. Et jamais, entre ces années 59 et 60, le Che n'a été aussi beau.

Ci-dessus : **En attendant Fidel Castro, Place de la Révolution, mai 1959. On reconnaît, de gauche à droite, Raul Castro, Augusto Martinez Sanchez, Che Guevara, Juan Almeida et Ramiro Valdès. Photographie de Raul Corrales.**
À droite : **Cahier d'école « Che » dans la vitrine d'un magasin d'État, La Havane, 2003.**

INSTANT DE GRÂCE

Depuis que le *Guerillero heroico* s'est confondu avec son image, aucun nom n'a jamais été autant associé à Che Guevara que celui d'Alberto Korda, alias Alberto Diaz Guttierez, l'auteur de « l'icône ».

Né à La Havane la même année que son modèle, en 1928, Korda décédait le 25 mai 2001 à Paris. Sa fille Diana Diaz revient sur le parcours de son père. « Tout a commencé en 1953. Il était alors vendeur de machines à écrire, et a réussi à en placer une chez un photographe, Pyerce. Ils ont sympathisé et en retour, l'autre lui a vendu un appareil photo, si bien que mon père s'est pris d'une nouvelle passion. Pyerce et lui ont fini par monter un studio ensemble, *Estudio Korda* (c'était proche de Kodak), nom qu'il a ensuite pris comme pseudonyme. »

Dès 1959, Korda rejoint les Salas, Corrales et Noval à la rédaction de *Revolucion*. C'est ainsi qu'il se retrouve le 6 mars 1960, sous la tribune des personnalités venues à l'enterrement des victimes de l'attentat du cargo La Coubre, attribué à la CIA. Korda cadre les personnalités présentes une à une, Fidel Castro, Simone de Beauvoir et Jean-Paul Sartre en visite sur l'île, jusqu'à ce qu'apparaisse dans son cadre le Che, qui s'était jusqu'alors tenu en retrait. Korda a toujours insisté sur ce terme d'« apparition », et sur sa réaction de surprise en voyant avancer ce visage plein d'une colère retenue. Comme tous les grands photographes, il parlera de hasard dans cette prise de vue réflexe — d'où le léger flou d'une mise au point approximative.

L'image ne sera pas tout de suite publiée, et on la trouve pour la première fois reproduite dans *Revolucion* le 15 avril 1961, dans un contexte plutôt décalé : au milieu des programmes de cinéma (*Les 400 coups* passent à l'Apolo, *Sois belle et tais-toi* à l'Ambassador), elle illustre l'annonce de la

---

Double page précédente : **Lors d'une partie de base-ball au stade *latino americano* de La Havane, 1959. À droite du Che, Camilo Cienfuegos et Fidel Castro. Raul est à gauche au 2ᵉ rang. Photographie collection particulière.**
Ci-dessus : **Le journal *Revolucion* du 15 avril 1961, où est annoncée une conférence du Che. C'est la première publication que connaît le portrait de Korda.**

À droite : **Dans les années 70, l'image du Che était interdite en Bolivie. Les enfants avaient fait un jeu d'ombre et de lumière de cet interdit : leurs découpes en papier pouvaient disparaître rapidement dès qu'un policier s'approchait. Photographie de Luc Chessex, Vallegrande, Bolivie, 1971.**

prochaine conférence du ministre de l'Industrie, dont le sujet ne requiert pourtant pas une figure si dramatique : l'industrialisation à Cuba. L'image est déjà recadrée dans le sens de la hauteur, ce qui prouve que Korda l'avait toujours pensée ainsi.

Puis six années de purgatoire. Punaisée sur un mur, elle ne connaît que la lumière rouge du laboratoire du reporter, qui certes, l'aime beaucoup. Mais pour devenir icône, toute image a besoin d'un contexte historique qui la transcende. Ce rendez-vous est fixé le 9 octobre 1967, jour de la mort du Che.

Qui est le véritable découvreur de l'image ?

Côté « occidental », on met en avant le rôle de l'éditeur italien Giangiacomo Feltrinelli. En voyage en Bolivie, il apprend que le Che est cerné par l'armée de Barrientos et décide d'un détour par Cuba pour trouver une bonne image du guérillero. Korda lui fera cadeau de ce tirage qui décore son laboratoire. De retour en Italie, et alors que le décès du Che est certain, l'éditeur bien inspiré en fera un poster au succès foudroyant. En bas à gauche du poster original, une petite mention à peine lisible : *copyright Libreria Feltrinelli*.

Côté cubain, on dit aujourd'hui que c'est Célia Sanchez, la secrétaire de toujours de Castro, qui la première repère l'image parmi les nombreuses qu'on lui présente. Elle cherche un portrait à projeter sur le ministère de l'Industrie, place de la Révolution, pour l'annonce publique de la mort du Che à laquelle se prépare le « Leader Maximo ». De nombreuses photographies d'époque nous le montrent, en effet, discourant sur fond de portrait géant : « l'icône » est cette fois encore recadrée dans le sens de la hauteur.

Deux versions qui en fait ne se contredisent pas. En réalité, pour prendre toute sa force, cette image n'attendait que son temps historique. Projection place de la Révolution ou poster à grande diffusion : chacun — à sa manière ! — utilise l'image qui convient le mieux à l'événement.

Ci-dessus : **Dans une prison croate, 1990. Photographie de Milomir Kovacevic.**
À droite : **Le poster original édité par Feltrinelli en 1967. En bas à gauche, un copyright « Libreria Feltrinelli ». Institut international d'Histoire sociale, Amsterdam.**

ERNESTO "CHE" GUEVARA

LE DUEL KORDA-BURRI

Avant 1967, c'est une toute autre photographie qui fera le tour du monde : celle qu'a prise René Burri, photographe suisse de l'agence Magnum, lors d'un entretien en janvier 1963, que mène la journaliste Laura Bergquist pour le magazine américain *Look*. Lui aussi aura à subir la nervosité cassante que ressent Guevara en présence d'un photographe. Peut-il ouvrir les stores pour augmenter la lumière et travailler plus à l'aise? Non, pas question. L'entretien est animé, et peu à peu le ministre oublie le photographe, qui retiendra l'impression d'un « corps qui fonctionne par excitation politique ». « C'était un combat dans lequel je n'ai fait que m'immiscer. Bergquist posait des questions volontairement provocantes. Parfois, lui se levait pour faire trois fois le tour de son bureau, comme pour trouver un nouvel argument. Il ne me lançait plus un seul regard, j'avais disparu. Pourtant, à la fin de l'entretien, il s'est tourné vers moi : "Préviens ton ami St George que si je le revois..." suivi d'un geste tranchant de la main sous la gorge. Quelques années après le célèbre entretien qu'il avait eu avec Castro dans la Sierra Maestra, Andrew St George était devenu un fervent anti-castriste, et lui aussi était représenté par l'agence Magnum... ».

Burri ressort de la rencontre impressionné — et en possession d'une série de photographies exceptionnelles. Son agence en distribuera à toute la presse internationale. L'image du Che devient alors une image Burri. En 1966, de jeunes étudiants en graphisme suisses viennent demander à leur compatriote de leur céder une image pour un travail de fin d'étude, qu'ils ont choisi de réaliser sous la forme d'un poster, médium en pleine émergence. Ils choisissent le « portrait au cigare ». Ils l'utilisent « plein cadre », sans intervention aucune, si ce n'est un étonnant fond rose qui confère un côté glamour à ce grand fumeur de havanes. Là encore, Feltrinelli

---

Ci-dessus, à droite et double page suivante : **Photographies de René Burri (agence Magnum) prises lors de l'entretien avec la journaliste Laura Bergquist pour le magazine américain *Look*. La Havane, janvier 1963.**

n'est pas précurseur, même s'il n'a certainement jamais vu ce premier poster. Mais ce support est dans l'air du temps, et la disparition du Che de la scène politique internationale, dès la fin 1965, allait créer un irrésistible désir de représentation. Le choix des étudiants se révèle judicieux, puisque c'est cette photographie — parmi les quelque deux cents prises par Burri lors de l'entretien — qui connaîtra la plus grande postérité. « Dès 68 et les manifestations étudiantes, j'ai été dépassé par cette photo, avoue son auteur ; je ne pouvais plus contrôler son utilisation. L'agence tentait bien de récupérer des droits par-ci par-là ; quant à moi, je trouvais pas mal de plaisir à la croiser un peu n'importe où. Je l'ai retrouvée brodée sur des coussins dans un supermarché, imprimée sur des cadrans de montre Swatch (les aiguilles remplaçaient le cigare), à Cuba sur des tee-shirts vendus par le ministère de l'Information… et que j'ai d'ailleurs achetés ! » Une image connue de tous, mais pas une icône. Au fil des années, elle sera supplantée par le *Guerillero heroico*, ainsi que Korda avait intitulé son portrait. René Burri était de ses amis. « Un jour, Alberto m'a offert un tirage original avec cette dédicace : *René est d'accord pour dire que cette image est la plus célèbre des photos du Che*. J'ai réfléchi quelques instants, puis je lui ai offert la mienne, elle aussi dédicacée : *Alberto est d'accord pour dire que c'est la meilleure des photos du Che*. Nous avons beaucoup ri et un peu bu, toute la nuit. »

Double page précédente : **La photographie « plein cadre » prise par Alberto Korda en 1960 à La Havane, et d'où est tirée « l'icône » (Korda/ADAGP).**
Ci-dessus : **Dans son atelier parisien, René Burri montre quelques utilisations de son « Che au cigare ». En bas à droite, le premier poster du Che, édité par des étudiants suisses en 1966.**

ESTUDIO KORDA

Mais revenons à La Havane et à l'Estudio Korda. Le 13 mars 1968, Fidel Castro décrète une interdiction de toute entreprise privée à Cuba, et le lendemain, deux militaires viennent saisir toutes les archives des deux photographes. Trois en fait, puisque les a rejoints un jeune assistant, José Alberto Figueroa : « Nous avons perdu ce jour-là toutes nos archives photographiques. À l'époque, nous n'avions pas une conscience aussi claire de la valeur de ce que l'on n'appelait pas encore une œuvre. Mais Alberto a tout de même passé quelques coups de fil pour que soit sauvée une part de son travail. Environ dix pour cent des négatifs, ceux qui concernaient directement l'histoire de la révolution cubaine, est ainsi passé sous la gestion directe des Archives de l'État. Le reste n'a jamais été retrouvé. »

Très officiellement, la photographie rejoint alors les « services mineurs », au même titre que les tailleurs, barbiers ou cireurs de chaussures. C'est d'ailleurs une coiffeuse qui prendra place dans le local, devenu un centre administratif qui allait gérer tous ces services dans le quartier.

S'il est devenu célèbre comme auteur d'une grande icône moderne, Korda l'est tout autant pour n'avoir longtemps touché aucun droit sur l'image que l'on considère la plus reproduite au monde. Une abnégation que Figueroa, collaborateur devenu ami, replace parfaitement dans son contexte : « Nous n'avons retrouvé notre indépendance que vers la fin des années 70, quand a été reconnu le droit d'auteur à Cuba. Ce n'est pas pour autant que "l'icône" appartenait à Korda : le Che faisait partie du patrimoine national, et personne

---

Ci-dessus : **La Havane, 2003.**
Double page suivante à gauche : **La Havane, 2003.**
Double page suivante à droite : **Affiche pour le neuvième anniversaire de la Révolution, 1968. En haut le Che ; en bas, Fidel Castro, José Marti (à gauche) et Camilo Cienfuegos. Institut international d'Histoire sociale, Amsterdam.**

n'aurait compris, et Alberto le premier, que quelqu'un vienne exiger des droits sur un portrait imprimé sur le calendrier de tel ou tel ministère. Il était très fier que son image soit devenue un symbole national, et l'argent n'avait rien à faire au cœur de cet échange. Les choses ont évolué très lentement, et elles évoluent encore, puisque la première agence qui défende les droits des photographes n'est apparue à Cuba qu'en 2001. »

C'est en France que Korda sera consacré dans sa véritable dimension d'auteur. Il y a d'abord cette invitation à la première édition de *Visa pour l'Image*, en 1989 à Perpignan (devenue la grand-messe du photo-journalisme), puis l'année suivante une exposition à la galerie Agnès B, à Paris. Depuis lors en Europe, chacun le reconnaît comme « le photographe du Che ». Les invitations se succèdent, et avant chaque voyage, il doit passer une nuit chez son ami et tireur Figueroa, pour réaliser toutes les épreuves qu'il ne manquera pas d'offrir en souvenir. Rien de mieux pour les sécher que la planéité et l'absorbant de la couche conjugale. D'où cette rencontre de trente-deux icônes et d'un couvre-lit, qu'immortalise Figueroa. « Notre peso ne pesait pas lourd face aux devises étrangères, et nous étions les éternels invités tous frais payés. Un peu dur pour l'amour-propre. La seule solution, c'était d'offrir à nos généreux hôtes des tirages dédicacés. »

SUSPENSE, PARFUM ET VODKA

Alberto Korda a désigné sa fille Diana Diaz comme légataire universelle. C'est donc à elle que revient la tâche de veiller à la bonne utilisation de la célèbre image. Ce qui n'est pas de tout repos. Que répondre à ce producteur du nouveau James Bond, qui cherche à obtenir les droits de reproduction de « l'icône » ? Le scénario est palpitant, où le méchant prend les traits d'un Coréen trafiquant d'armes et de drogues diverses, venu à Cuba (toujours aussi réputé pour sa chirurgie plastique) se refaire un visage. Le suspens est à son comble, et l'inaltérable 007 se retrouve devant un mur… où est peinte en grand la célèbre image. Homme perspicace à l'index musculeux, il appuie sur l'étoile peinte du béret, et le mur bascule sur un couloir qui mène au bloc opératoire clandestin.

« J'ai refusé. Tout cela était cousu de fils blancs. J'ai refusé malgré le monceau de dollars qu'ils m'offraient. Tout comme mon père a refusé que sa photographie orne les bouteilles de Vodka Smirnoff : "pas plus sobre que le Che", m'a-t-il expliqué, et qu'il a refusé qu'elle soit collée sur un parfum appelé *Révolution*, parce que le Che n'avait pas vraiment la réputation de s'oublier sous la douche. »

C'est que Korda décide de ne plus fermer les yeux. L'utilisation de cette image qu'il aime tant se transforme en exploitation, et après plusieurs procès gagnés, il s'inscrit en 1998 à une agence française de défense des droits d'auteurs. Son *Guerillero heroico* survivra-t-il à cette déontologie, scrupuleusement poursuivie par sa fille ? On peut penser que si cette image a connu un tel succès, outre ses incontestables qualités graphiques et symboliques, c'est aussi que durant des décennies, aucun censeur n'était là pour surveiller son utilisation.

La photographie « libre de droits » a connu une histoire mouvementée. L'effervescence de la révolution cubaine, puis la mort d'un de ses héros en 1967, suivie de près par les révoltes étudiantes en Europe. Le militantisme des années 70, suivi de l'indifférence des années 80.

Enfin cette année charnière qu'est 1989. La chute du mur de Berlin crée un grand vide idéologique. Privé de ses soutiens économiques, Cuba doit s'ouvrir au monde extérieur, et dépoussière ses plus beaux atouts, ou clichés, qui iront illustrer les dépliants touristiques. Enfin, un de ses photographes (auteur d'une des images symbole de l'île) est consacré sur la scène internationale. Aucun de ces événements n'est indépendant l'un de l'autre, aucun ne peut expliquer seul la persistance d'une image qui, sinon, était sans doute vouée à l'oubli.

Dans ce jeu, on aurait tort de réduire le rôle de Korda à celui d'un simple opérateur chanceux et naïf, qui se fera ensuite déposséder d'un état de grâce passager. Il saura défendre son image dès les premiers jours, l'offrir à ceux qui les premiers l'ont appréciée, la protéger dès qu'il a cru au détournement. La photographie est belle, et son auteur ne l'a jamais trahie.

Double page précédente : **Épreuves originales tirées par Alberto Korda, séchant sur le lit de son collaborateur et ami José Figueroa. Photographie de José Figueroa, La Havane, 1991.**
À droite : **Tee-shirts du Che suspendus à une colonne du Grand Théâtre national. La Havane, 2002.**

DÉMULTIPLICATION

Mais si elle a si bien résisté à toutes les mutations, c'est aussi qu'elle semble répondre à une équation graphique inaltérable. Le négatif quadragénaire a vieilli (il est même déchiré dans le haut de l'image) et pourtant, aucun danger : peu importe la qualité de l'original, toute icône porte en elle le principe d'une infinie reproduction. Les photocopieuses militantes peuvent la martyriser encore pendant quelques générations : l'aura est toujours là, indestructible. Elle semble même gagner en force chaque fois qu'elle perd en détails. « En Europe, ce n'est pas la photographie originale d'Alberto Korda qui est la plus répandue » précise Laurent Gervereau, analyste de l'image. « La forme que nous lui connaissons est celle propre à la technique de l'insolation sérigraphique, c'est-à-dire une poussée du contraste qui simplifie l'image à l'extrême : c'est le principe des affiches pop art, qui a fait le succès d'un Che devenu icône dès la fin des années 60. » Idéogramme que l'on peut multiplier à l'infini sans s'encombrer des nuances de gris. Autant de tracts à distribuer (*deux, trois, de nombreux Vietnam*)... ou de tee-shirts à imprimer. Le poster du Che aujourd'hui le plus diffusé est un faux Andy Warhol, hommage involontaire au pape de la falsification et du détournement d'icône. La tentation était sans doute trop forte de faire du beau guérillero sacrifié un héros de la pop culture. Ancêtre commun : Arthur Rimbaud — première de ces gran-

---

Ci-dessus : **Vitrine de reliques au Musée de la Révolution de La Havane, 2002. De gauche à droite : fragment du pull du Che ; bout d'une chaussette qu'il portait lors de son assassinat ; instruments médicaux utilisés lors de son autopsie à l'hôpital de Vallegrande ; mèche de cheveux et poils de sa barbe ; morceau de cuir d'un habit qu'il portait à la *Quebrada del Churo*, où il fut arrêté.**
À droite : **Un poster édité par des étudiants anglais dans les années 70. Institut international d'Histoire sociale, Amsterdam.**

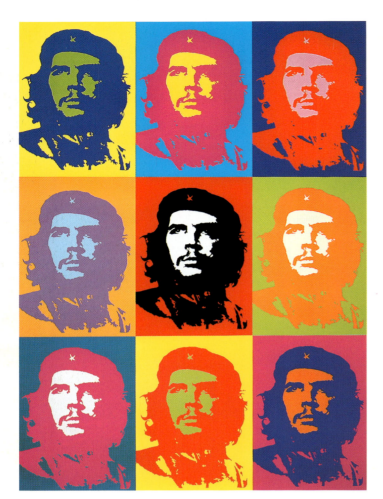 

des figures de l'excès comme acte créateur, de l'« œuvre-vie ». Ou plutôt de l'« œuvre-suicide ». Le Che se retrouve aux murs des chambres d'adolescents, au côté du poster de Marilyn Monroe pour les filles, de Jim Morrison pour les garçons. Le poster « Che gay » (iconoclaste quand on sait le sort alors réservé aux homosexuels à Cuba) que crée un collectif d'étudiants anglais dans les années 70 annonce déjà la fracture avec les années 80. Passage entre libération individuelle et revendications collectives — le Che connaît alors quelques années d'occultation. Trop marxiste, trop blanc, trop homme, trop guerrier pour que personne ne s'y reconnaisse. Le temps est au féminisme, au pacifisme, à la défense des minorités raciales. Jusqu'à ce que la chute du bloc communiste réoriente la géopolitique militante vers un rapport Nord-Sud. Ce n'est plus le destin du beau ténébreux suicidé que l'on admire, mais le visionnaire tiers-mondiste, le précurseur incompris. *Che vive!* (Le Che est vivant!). Pour être juste, ce sont surtout les groupes alternatifs italiens qui brandissent son portrait dans les manifestations anti-mondialistes. Le Che n'est plus une figure universelle depuis bien longtemps; tout au plus du monde latin, où l'image du Christ ressuscité peut encore mobiliser les foules.

On est très loin de la grande époque d'un Guevara étendard de toutes les justes causes, même si les photographes se font fort — par respect pour la profession — de guetter chacune de ses apparitions, ou réapparitions. Parce que son portrait par Korda a marqué profondément l'histoire de la photographie, tout comme l'image de ce républicain espagnol saisi par Robert Capa, alors qu'il vient d'être touché à mort; ou celle de cette fillette brûlée par le napalm, courant nue sur une route du Sud-Vietnam. Trois images qui vont aider la photographie à sortir de son rôle d'humble servante d'une textualité qu'elle ne faisait — et ne fait de nouveau — qu'illustrer. Photographier « l'icône », c'est replonger avec nostalgie dans cet âge d'or où le photo-journalisme influait sur l'opinion publique, et donc sur la politique internationale.

Ci-dessus: **Un poster « façon Warhol »; à droite Oussama Ben Laden en *Che-Nike*. Institut international d'Histoire sociale, Amsterdam, 2003.**
À droite: **Poster de G. Pascalini, édité en France, 1967. Institut international d'Histoire sociale, Amsterdam.**

D'où cette propension à l'invoquer, dès qu'il est question de Cuba, ce qui est loin de correspondre à la réalité. À moins que dans les années à venir et pour mieux coller à son folklore, c'est même probable, l'île ne se couvre d'un Guevara devenu Che à perpétuité. Si tu me penses fou, disait en substance le *Neveu de Rameau* de Diderot, alors je deviens fou. Car l'image du Che est à Cuba ce que le Saint-Suaire est à l'Église catholique. Depuis longtemps, il n'est plus question que d'entretenir le patrimoine, de gérer au mieux le mythe. *Che vive* ? Voilà qui serait, finalement, assez embarrassant… En conclusion de ce *Voyage à motocyclette* qui le fait traverser toute l'Amérique Latine en 1952, Guevara présente sa « révélation » comme née de la parole d'un illuminé croisé en route, et qui se révèlera prophétique : « Tous les inadaptés, vous et moi, mourront en maudissant le pouvoir qu'ils ont contribué à créer, parfois au prix de sacrifices immenses ; car la révolution, sous sa forme impersonnelle, vous prendra la vie. Et même, elle utilisera votre mémoire comme exemple et instrument de soumission pour les jeunesses futures. » Ou comme icône pop, si cela plaît aux touristes nostalgiques.

Guevara ne connaît aujourd'hui qu'un seul concurrent dans l'industrie du t-shirt : Oussama Ben Laden. On voit déjà fleurir des maillots qui portent les deux effigies, dans le monde arabe bien sûr, mais aussi en Amérique latine. Si le parallèle fait long feu sur bien des plans, il tient assez bien du côté de la représentation. Une désignation symbolique comme « ennemi numéro un » par les États-Unis (grands fabricateurs de monstres et martyres de la mythologie moderne), suivie d'une totale disparition. Puis des rumeurs relayées par la presse : Ben Laden a ce même don d'ubiquité que le Che de 1965 à 1967. Voilà qui suffit pour construire un nouvel héros, symbole de résistance pour un tiers-monde qui vit toujours aussi douloureusement une économie mondiale à l'évidence inégalitaire. L'enfermement des membres présumés d'Al Quaïda à Guantanamo, base militaire américaine située sur l'île de Cuba, n'est peut-être qu'une manière comme une autre d'assimiler l'ennemi d'hier à celui d'aujourd'hui. La seule inconnue, c'est de savoir si le nouveau méchant tiendra son rôle aussi longtemps que son prédécesseur.

HAVANITO, TOUT N'EST QUE…

Un Che en éventail publicitaire. « Les brises d'Almandares vous proposent un échantillon varié d'épicerie fine, vins et liqueurs de qualité supérieure », peut-on lire au revers du fragile *havanito*.

L'objet, daté de 1959, a sans doute déclenché l'ire de celui qui fuyait tant son image, d'autant qu'elle est cette fois détournée à des fins bien peu révolutionnaires. Déjà, en 1959, on consomme donc du Che, certes avec modération… Nous offrons de bon cœur ce petit éventail précurseur à tous les vendeurs de colifichets d'aujourd'hui.

Mais au moment de s'en défaire, voilà qu'on est saisi par une impression de déjà vu. La contre-plongée, les yeux perdus vers un horizon lumineux, ces cheveux en désordre — comme bouleversés par une pensée libératrice — et l'étoile, cette étoile comme pour guider les rois mages vers le berceau de l'homme nouveau… Tous les codes graphiques qui feront le succès de la photographie d'Alberto Korda, huit années plus tard, sont déjà mis en place. Preuve, s'il est encore besoin, que la naissance d'une icône ne doit rien au hasard, et tout au désir qui la précède.

Il manque juste au visage du *havanito* ce côté sombre qui donne au portrait de Korda ce mélange de sévérité et de détermination. En somme, il lui manque la part de l'ombre. Celle des masques et des doubles, du saint, du magicien invisible, de tous les autres Ernesto Guevara.

Havanito publicitaire en vente à Cuba en 1959. Au dos de l'éventail : « les brises d'Almandares vous proposent un échantillon varié d'épicerie fine, vins et liqueurs de qualité supérieure ».

Conception graphique:
Isabelle Guillaume (couverture, préface et seconde partie)
Josseline Rivière (première partie)

**Photogravure : POINT 4,
64, rue de Turenne - 75003 Paris**
Jérôme Gris

Imprimé en Espagne par Mateu Cromo,
pour le compte des Éditions Fayard.
N° d'édition : 33859
35-57-1542-6/01
Dépôt légal : août 2003
ISBN : 2 213 61342 7